Comment **DÉCROCHER**
L'AMOUR
POUR LA VIE
en **90 MINUTES**
(ou moins)

Les Éditions Transcontinental
1100, boul. René-Lévesque Ouest, 24ᵉ étage
Montréal (Québec) H3B 4X9
Téléphone : 514 392-9000 ou 1 800 361-5479
www.livres.transcontinental.ca

Pour connaître nos autres titres, consultez le **www.livres.transcontinental.ca**.
Pour bénéficier de nos tarifs spéciaux s'appliquant aux bibliothèques d'entreprise
ou aux achats en gros, informez-vous au **1 866 800-2500**.

**Catalogage avant publication de Bibliothèque et Archives nationales du Québec
et Bibliothèque et Archives Canada**

Boothman, Nicholas
Comment décrocher l'amour pour la vie en 90 minutes
Traduction de : How to make someone fall in love with you in 90 minutes or less.
ISBN 978-2-89472-465-1

1. Choix du conjoint. 2. Relations entre hommes et femmes. 3. Amours. 4. Communication
interpersonnelle. I. Titre.

HQ801.B6614 2010   646.7'7   C2010-940380-0

Traduit de l'anglais (États-Unis) : Claire Réach
Révision et adaptation : Martin Benoit
Correction : Diane Grégoire
Mise en pages : Diane Marquette
Image de couverture avant : iStockphoto
Conception graphique de la couverture : Marie-Josée Forest
Impression : Transcontinental Gagné

Titre de l'édition originale (États-Unis) :
How to Make Someone Love You Forever in 90 Minutes or Less
© 2004 by Nicholas Boothman
Published by arrangement with Workman Publishing Company, New York.
© 2009 LEDUC.S Éditions, pour la première édition publiée en langue française

Imprimé au Canada
© Les Éditions Transcontinental, 2010, pour la version française publiée en Amérique du Nord
Dépôt légal – Bibliothèque et Archives nationales du Québec, 1ᵉʳ trimestre 2010
Bibliothèque et Archives Canada

Tous droits de traduction, de reproduction et d'adaptation réservés.

Nous reconnaissons, pour nos activités d'édition, l'aide financière du gouvernement du Canada par
l'entremise du Programme d'aide au développement de l'industrie de l'édition (PADIÉ). Nous
remercions également la SODEC de son appui financier (programmes Aide à l'édition et Aide à la
promotion).

Les Éditions Transcontinental sont membres de l'Association nationale des éditeurs de
livres (ANEL).

Nicholas Boothman

Comment **DÉCROCHER**
L'AMOUR
POUR LA VIE
en **90 MINUTES**
(ou moins)

Les Éditions
Transcontinental

Remerciements

L'ouvrage que vous avez entre les mains aborde avec une grande simplicité un sujet d'une grande complexité. Il n'aurait pu voir le jour sans la participation des milliers de personnes qui m'ont laissé fureter dans leur intimité pour découvrir comment l'amour était entré dans leur vie. Je les remercie de leur générosité.

C'est une chose d'écrire sur l'amour, c'en est une autre de le connaître. Je remercie ma femme, Wendy, pour sa collaboration avisée, et mes enfants, Joanna, Thomas, Sandy, Kate et Pippa : ils m'ont fait découvrir des aspects de la passion, du romantisme et des peines d'amour que même les scénaristes hollywoodiens ne sauraient imaginer !

Je dois beaucoup à mon agent, Sheree Bykofsky, à l'écrivain Megan Buckley et à mon amie Amelia Thornton, de véritables sources d'inspiration pour la première mouture de ce livre ; je suis aussi très reconnaissant envers David Walker pour son esprit, son style et sa présence à mes côtés, envers Jim Gulian pour ne m'avoir laissé aucun répit, ainsi qu'envers ma conseillère en écriture, Marie-Lynn Hammond, qui a su me guider pour donner vie et couleur à mes mots.

J'exprime en outre ma profonde gratitude à Stacey Alper, à Suzie Bolotin, à Marta Jaremko, à Matt Hannafin, à Paul Hanson, à Bruce Harris, à Jenny Mandel, à David Schiller, à Elaine Tom, à Pat Upton, à Peter et Carolan Workman, ainsi qu'à toute l'équipe de Workman Publishing pour leur soutien, leur sincérité et leur humour.

Enfin, mon plus profond respect à mon éditrice, Margot Herrera, qui a su saisir un bon millier d'idées au vol, qui leur a donné sens, perspective et ordre, et qui leur a ainsi permis de trouver leur chemin jusqu'à ces pages.

Table des matières

Qui a dit que l'amour ne se commandait pas ?

La flamme de l'amour peut-elle réellement s'embraser en 90 minutes, seulement parce que nous le décidons ? D'ailleurs, pourquoi 90 minutes, et non 27 minutes… ou même 6 heures ? Cette idée peut sembler saugrenue ou superficielle – mais l'est-elle vraiment ? À la parution de mon premier livre, *Tout se joue en moins de 2 minutes : la première impression que l'on donne est celle qui reste*, les lecteurs avaient jugé ce point de vue un peu frivole… jusqu'à ce qu'ils découvrent que, en effet, nous décidons que nous aimons ou n'aimons pas quelqu'un au cours des deux premières secondes de la rencontre.

En deux minutes, il est possible de transformer notre première impression de l'autre en relation durable – qu'il s'agisse d'une amitié, d'une histoire d'amour ou d'une relation de travail. Qu'ils en aient conscience ou non, les êtres doués d'habiletés sociales (vous savez, ceux qui peuvent entrer dans une pièce grouillant d'inconnus et se lancer dans une conversation passionnante avec n'importe qui) envoient des messages avec leur corps et leur façon de parler, et encouragent ainsi les autres à les apprécier, à leur faire confiance et à se sentir immédiatement à l'aise. Quand on comprend cette façon de faire, il est possible de produire soi-même une première impression tout aussi bonne.

Dans toutes les sphères de la vie, ces deux premières minutes peuvent vous aider à donner une excellente impression. Si vous envoyez certains signaux et employez un certain type de langage au moment opportun, les premiers moments passés ensemble peuvent se transformer en prélude à l'amour, vous faisant passer de l'attirance à la véritable connexion, puis à l'intimité, et enfin à l'engagement. Pour un petit nombre de couples, ces événements surviennent presque instantanément : ils connaissent le fameux « coup de foudre ». La plupart des couples ont l'intuition de ce processus, mais ils doivent parcourir un chemin semé d'embûches, de tâtonnements et d'erreurs avant que la passion soit au rendez-vous ; il leur faut parfois des semaines, des mois, voire des années. Or, ce processus n'a pas besoin d'être si long… et rien ne vous force à vous en remettre au hasard.

Pour écrire ce livre, j'ai observé des hommes et des femmes de tous les continents, étudié comment leurs liens naissaient et quelles influences émotionnelles ils avaient les uns sur les autres. J'ai analysé près de 2 000 relations amoureuses : des couples qui avaient connu le coup de foudre aussi bien que des amis d'enfance qui étaient tombés amoureux après s'être côtoyés pendant des années. J'ai discuté avec des couples mariés depuis 50 ans et avec des adolescents fous amoureux depuis 3 mois. J'ai interrogé les partenaires anciens et actuels de certains hommes et femmes pour découvrir ce qui n'avait pas fonctionné la première fois, quelles leçons ils avaient tirées de leur expérience et comment ils avaient évité de tomber à nouveau dans les mêmes travers.

Je me suis même entretenu avec des gigolos, habitués des stations balnéaires du sud de l'Europe, afin de découvrir leur arme secrète pour séduire des hommes et des femmes n'importe où, n'importe quand et sans laisser place une seule seconde à l'hésitation. J'ai discuté avec des gens dont les partenaires avaient été emportés par une maladie ou un accident, et qui s'étaient crus incapables de refaire leur vie jusqu'à ce que l'amour vienne à nouveau tout chambouler. J'ai participé à des conférences au cours desquelles j'ai pu mettre en application les idées de ce livre avec l'assistance… Cela m'a valu d'être invité à de nombreux mariages !

Mettant ma méthode en pratique avec des individus désespérément timides et au physique plutôt disgracieux, je les ai aidés à trouver leur moitié et à vivre une histoire durable au-delà de leurs rêves les plus fous. Ils confirment ce que j'ai toujours su : nous avons tous une moitié qui nous attend quelque part. Et c'est souvent quand nous nous y attendons le moins que l'amour frappe à notre porte.

Pendant que j'effectuais ces recherches, une réalité m'a sauté aux yeux : l'amour n'est pas une question de temps, mais de cheminement émotionnel, les étapes devant se dérouler dans un ordre précis. Si deux personnes comprennent le mécanisme de la rencontre amoureuse et l'enchaînement de ses phases, si elles savent comment les mettre au point et les chorégraphier correctement, il leur est possible de tomber amoureuses l'une de l'autre en une heure et demie.

Le docteur et chercheur Arthur Aron a mis en lumière ce fait grâce à une série d'expériences qu'il a menées à l'Université de Californie. Un homme et une femme qui ne s'étaient jamais vus ont été placés dans la même pièce pendant une heure trente. Avant de commencer l'expérience, on leur avait expliqué que la personne qu'ils s'apprêtaient à rencontrer les apprécierait. Ils avaient reçu pour instruction d'échanger certains détails intimes, comme le moment le plus embarrassant qu'ils avaient connu, ou comment ils réagiraient à la mort d'un parent proche. De temps à autre, un chercheur entrait dans la pièce et leur demandait d'exprimer ce qu'ils appréciaient chez l'autre. Ils devaient également se regarder dans les yeux pendant deux minutes d'affilée sans se parler. À la fin de l'expérience, l'homme et la femme sont sortis par des portes différentes.

Cette étude a été menée avec plusieurs sujets. Beaucoup ont avoué se sentir proches de l'autre et fortement attirés par lui. D'ailleurs, le tout premier couple de participants s'est marié peu de temps après l'expérience et a invité le Dr Aron et ses collègues à son mariage. Conclusion : avec la bonne personne, le langage corporel qui convient et la bonne dose de confidences mutuelles, il est possible de donner naissance à de profonds sentiments intimes et amoureux. D'après le Dr Aron, l'information préalable selon laquelle l'autre les apprécierait a eu une influence considérable sur les sujets : « Si on interroge les gens sur leur expérience de la rencontre amoureuse, plus de 90 % d'entre eux répondent qu'un facteur essentiel est la découverte que leur partenaire les estime. » Quatre-vingt-dix minutes : il n'en faut pas plus pour percer la coquille de l'autre, découvrir ce qui le motive, et vice versa.

Si vous aimez et admirez tous les deux ce que vous trouvez chez l'autre, vous pouvez exploiter votre enthousiasme mutuel pour renforcer vos sentiments et vous lier plus vite. Si vous avez vraiment découvert la bonne personne, il n'y a aucune raison que cet amour ne dure pas toujours.

Mes recherches ont mis en évidence d'autres vérités extrêmement simples :

1. Le fait de tomber amoureux et celui de le rester sont deux choses très différentes. Le premier répond à un processus chimique comparable à une drogue : enivrant, excitant, il donne le vertige. L'organisme est submergé de neurotransmetteurs (dopamine, sérotonine), qui entraînent un profond bien-être. Voilà qui explique cette impression d'être le roi du monde. Demeurer amoureux, c'est une tout autre histoire. Quand les vannes des neurotransmetteurs se referment (ce qui arrive inévitablement), les souvenirs de cette période de bien-être chimique ne suffisent plus à entretenir le bonheur dans le couple.

2. On ne tombe pas amoureux d'une personne, mais des sentiments que suscite sa présence : éveil spirituel et émotionnel, perte des inhibitions, joie de se sentir entier, en sécurité « dans un cocon », optimisme à toute épreuve… bref, un frisson délicieux. Cela dit, il semble plus

convenable et plus romantique de dire : « Julien, je crois que je suis en train de tomber amoureuse de toi » que : « Quand je suis avec toi ou que je pense à toi, des sensations irrésistibles d'excitation, de désir et de plénitude m'envahissent ! » Nous verrons plus loin comment maîtriser et décupler ces sentiments.

 L'angle d'approche de cet ouvrage

Bien que ce livre soit écrit d'un point de vue hétérosexuel, son propos s'applique également aux gais et aux lesbiennes. Les besoins humains essentiels sont les mêmes dans toutes les histoires d'amour : pour connaître le bonheur et l'accomplissement, nous devons partager nos expériences avec un être de confiance qui nous respecte. Je demande donc aux lecteurs homosexuels de pardonner mes exemples, qui décrivent des relations hétérosexuelles. J'ai choisi cet angle d'approche dans un souci de simplicité. Cependant, quand le cœur s'en mêle, nous sommes tous pareils.

3. Certaines personnes nous apportent un équilibre et nous aident à atteindre une plénitude sociale et psychologique ; d'autres nous fatiguent, créent un climat malsain, ébranlent notre assurance ou cherchent à nous transformer. Les couples qui durent se complètent au lieu de se contrarier. Ils forment une équipe tant sur le plan social que sur le plan psychologique. Quand l'alchimie s'étiole et qu'on pénètre sur le terrain de la compétition et de la critique, l'avenir du couple est compromis.

Lorsqu'on rencontre l'heureux élu qui nous donne l'équilibre tant recherché, celui à qui on fait confiance et avec qui on se sent bien, c'est qu'on a trouvé son « opposé complémentaire », c'est-à-dire la personne avec qui on se sent enfin entier. Si j'ai choisi cette expression, c'est parce qu'elle décrit parfaitement l'alliance harmonieuse des partenaires, qui sont alors comme des pièces de puzzle qui s'emboîtent. Quand ce phénomène se produit, ils le savent tous les deux. Le fait d'être ensemble leur procure à la fois une joie indescriptible et un réconfort immense.

Ils se ressemblent par beaucoup d'aspects, mais se démarquent par d'autres. Quand on a trouvé ce type de partenaire, il est fort probable que notre histoire d'amour sera saine, profonde et solide.

Ce livre répond à deux questions : comment trouver sa moitié ? Que faire une fois qu'on a mis la main sur cet oiseau rare ? La première partie vous aidera à mieux saisir votre personnalité et celle que devrait avoir votre opposé complémentaire. La deuxième vous montrera comment peaufiner vos aptitudes en société, de manière à faire une première impression optimale et à aller vers l'autre en toute confiance. Enfin, la troisième section vous révélera comment vous devez vous y prendre pour passer de cette proximité à l'intimité, puis à l'amour.

Vous vous demandez peut-être qui je suis, moi qui prétends connaître les clés de la relation amoureuse. Bonne question ! J'ai passé les 20 dernières années à étudier le comportement humain. Je suis, depuis 10 ans, un praticien confirmé de programmation neurolinguistique (PNL). Cette discipline étudie comment nous utilisons instinctivement le langage pour nous motiver ou nous démoraliser nous-mêmes, ou pour le faire avec les autres.

La plupart des gens acquièrent des mécanismes de réflexion fixes avant l'âge de 13 ans. À partir de ce moment-là, ils pensent sans penser : leurs actions et leurs réactions sont prévisibles. Chaque jour, nous faisons l'expérience physique du monde extérieur par l'intermédiaire de nos cinq sens, puis nous exprimons cette information par des mots. Ce processus a un nom : donner du sens. Voici comment il fonctionne.

1. Nous traduisons nos expériences par des mots ;

2. les mots deviennent des pensées ;

3. les pensées deviennent des idées ;

4. les idées deviennent des actions ;

5. les actions deviennent des habitudes ;

6. les habitudes forment la personnalité ;

7. la personnalité conditionne le destin.

Quand on vieillit, ces vieux schémas fonctionnent à un rythme accéléré. En amour, Louise se sent rejetée par Robert, et bing ! s'ensuit une réaction prévisible (et inutile) : « Je me sens vraiment nulle. Je vais rentrer à la maison, mettre mon pyjama et manger de la crème glacée devant la télé avec mon chien. » Autre exemple : Emmanuel rentre tard, coincé dans un embouteillage. Sa réaction est prévisible (et inutile) : « Ah, que j'haïs le trafic ! »

Si certains aspects de votre vie vous rendent malheureux, le meilleur moyen d'y remédier est de rectifier le mécanisme de pensée automatique qui est en cause. Vous devez revenir au stade de la traduction des expériences par des mots, c'est-à-dire à votre langage intérieur, le dialogue avec soi-même auquel tout le monde s'adonne. Toute autre initiative reviendrait à vous bander le front pour soulager une migraine.

Si votre vie amoureuse est au point mort, vous pouvez agir comme d'habitude et espérer que l'être idéal fera son apparition comme par magie, ou au contraire trouver le nœud du problème et adapter votre programmation interne en conséquence. Cherchez la cause de vos ennuis plutôt que d'en analyser les répercussions. Ce changement d'attitude modifiera vos façons d'agir et de réagir. En fin de compte, il transformera votre destin. La PNL peut être utile à bien d'autres égards. Au fil de votre lecture, vous devrez modifier votre pensée automatique. Libre à vous de choisir ce que vous désirez changer.

J'ai acquis mes qualifications pour pratiquer la PNL auprès des deux fondateurs de cette méthode, le Dr Richard Bandler et John Grinder, à New York, à Londres et à Toronto. Auparavant, j'avais travaillé pendant 25 ans comme photographe de mode et de publicité dans des studios situés sur trois continents. J'ai aussi fondé Corporate Images, une société-conseil. Ce que j'ai appris, tant dans mon travail de photographe de mode que dans mon étude de la PNL, m'a conduit à écrire deux livres sur la façon dont les premières impressions peuvent mener à une relation durable : l'un concernait la vie sociale, l'autre le monde du travail. Pour ce qui est de ce livre-ci, j'ai acquis mes qualifications les plus solides quand, après deux mariages malheureux, j'ai eu la chance de rencontrer mon opposée complémentaire. Nous sommes ensemble depuis plus de 30 ans.

Tout a commencé avec des chatons

Adolescent, j'étais le genre de garçon qui ne plaisait pas beaucoup aux filles. J'avais beau aller à tous les partys et me tenir dans les endroits cool, je prenais toujours l'autobus seul pour rentrer chez moi. Par chance, j'avais de l'ambition et une bonne dose d'optimisme. Au bout de quelques années passées à m'ennuyer dans mon coin, j'ai intégré un groupe rock, appris l'équitation et trouvé un petit boulot de livreur de pièces montées dans les salles de réception.

À force de rencontrer du monde, j'ai compris que ce n'est pas ce qu'on pense qui compte, mais la façon dont on pense ; dans le même sens, ce n'est pas ce qu'on dit qui importe, mais la manière de le dire, et ce n'est pas ce qu'on fait qui compte, mais la façon de le faire. Il ne m'a pas fallu longtemps pour délaisser le rang des ados solitaires. Je rencontrais des filles qui, enfin, avaient le goût de me revoir. Au début de la vingtaine, j'ai fait la connaissance d'une jolie femme, que j'ai épousée. J'ai appris dans la douleur qu'aborder quelqu'un et établir le contact n'est que la première étape d'un rapport. Rencontrer une personne qui nous convient et entamer une relation, c'est une autre paire de manches.

Après mon divorce, je me suis installé au Portugal. J'ai monté un studio de photo de mode au dernier étage d'un superbe immeuble, en plein cœur de Lisbonne. Mon portfolio sous le bras, je suis parti à la conquête des agences de pub. Durant mes conversations avec les employés, un nom revenait sans arrêt. « Vous travaillez avec l'agence de mannequins de Wendy ? » « Wendy a défilé pour Yves Saint Laurent à Paris. Elle connaît le métier. » « Vous savez, Wendy a été danseuse au Ballet national. » « Wendy a une force de caractère incroyable. »

Non, je ne travaillais pas avec Wendy, et non, je n'avais pas rencontré cette perle rare ! Ça commençait à me taper sur les nerfs d'entendre parler de cette femme partout où j'allais. Il n'en fallait pas davantage pour que Miss Perfection arrive en première position de la liste des personnes que je ne voulais pas rencontrer. Puis, un jour, j'ai eu l'occasion de jouer un tour à cette Wendy.

Une de mes nouvelles clientes, la rédactrice en chef du plus grand magazine féminin du Portugal, m'avait confié la photo de couverture de son prochain numéro. Le travail n'était pas aussi glamour que je l'avais imaginé : c'était un numéro consacré au tricot ! L'éditrice voulait une photo de trois chatons blottis dans un panier rempli de pelotes de laine.

Où allais-je dénicher ces petits chats ? J'ai pensé, un peu malicieusement : et si j'appelais Super Wendy à la rescousse ?

J'ai trouvé les coordonnées de son agence et composé le numéro de téléphone. La réceptionniste m'a fait patienter. Quelques instants plus tard, j'ai entendu à l'autre bout du fil : « Bonjour, Wendy à l'appareil. » Je me suis présenté et lui ai expliqué que j'avais besoin de trois modèles un peu particuliers… Je m'attendais à ce que son ton devienne glacial au moment où elle apprendrait que je parlais de chatons, mais elle a conservé sa douceur et son calme. J'en ai rajouté un peu, pour voir comment elle réagirait. « J'ai aussi besoin d'un petit panier, de quelques pelotes de laine de couleur, de deux morceaux de panneau en aggloméré de 50 cm sur 1 m, de deux charnières et de papier d'aluminium. »

La plupart des agences de mannequins auraient envoyé promener un photographe qui leur aurait dicté sa liste de magasinage pour sa prochaine séance photo. Super Wendy a répondu calmement oui à chacune de mes requêtes. Avant de raccrocher, nous avons convenu d'une journée où les objets et les chatons me seraient livrés.

Un vieil ascenseur en bois et en métal était encore en usage dans l'immeuble ancien où se trouvait mon studio. À 17 h pile le jour dit, j'ai entendu l'appareil se mettre en marche. Quelques secondes plus tard, il s'est arrêté à mon étage. J'ai entendu ma réceptionniste, Cécilia, ouvrir la porte, puis entrer dans mon studio suivie d'une femme de toute beauté. Extra ! Wendy m'avait envoyé un de ses mannequins ! Un orchestre a entamé le *Boléro* de Ravel dans ma tête lorsque cette femme posée, superbe et impressionnante s'est tournée vers moi, plongeant ses yeux bleu clair dans les miens en me tendant la main : « Wendy. Enchantée. »

Difficile d'expliquer ce que j'ai ressenti alors. Disons que j'ai été projeté hors de la réalité ; j'avais du mal à maîtriser le cours des événements. Bref, cette rencontre a été pour moi un véritable choc. Wendy a pris la parole et, à ce moment précis, il m'a semblé que, sous mon crâne, l'orchestre avait élevé le volume de quelques décibels. « J'ai apporté les chatons. Vous ne l'aviez pas demandé, mais je suis passée chez le vétérinaire pour qu'il leur administre un léger sédatif ; il faut attendre 30 minutes environ pour qu'il fasse effet. J'ai les panneaux en aggloméré et les charnières. Je suppose que vous comptez les utiliser comme réflecteurs… J'ai apporté quelques vis, au cas où vous en auriez besoin. J'imagine que vous voulez fixer l'aluminium sur les panneaux, alors j'ai aussi de la colle. »

Incroyable ! J'avais effectivement prévu de fabriquer un réflecteur pour renvoyer une lumière indirecte sur les chatons et ainsi éviter de les effrayer. J'étais impressionné et je me sentais un peu minable. Je dérivais vers une zone qui ne connaissait pas la gravité. Oui, Wendy était extraordinairement belle, mais sa présence m'interpellait encore davantage. Elle avait une grâce infinie.

En attendant que les chatons se mettent à somnoler, j'ai assemblé le réflecteur. Pendant que je préparais la prise, Wendy s'est approchée de la fenêtre qui donnait sur la Baixa, un quartier du Vieux-Lisbonne dont les cafés ont été les repaires de poètes, de peintres et d'écrivains pendant des siècles. « J'adore la Baixa, lui ai-je dit. On y sent une telle énergie, un tel romantisme!» «Moi aussi», m'a-t-elle répondu. Je me liquéfiais. «Pourriez-vous me donner un coup de main?» lui ai-je demandé. «Je peux même faire plus, si vous voulez.» En prononçant ces mots, elle s'est tournée vers moi et m'a souri de nouveau.

Nous étions là, agenouillés de part et d'autre du panneau. Nous avons commencé à froisser le papier d'aluminium en partant chacun de notre côté et en avançant vers le centre. Au milieu, nos mains se sont frôlées. J'en ai eu le souffle coupé. Ce qui s'est passé ensuite était irréel. Pourtant, je me souviens parfaitement de chaque minute. Une vague d'énergie toujours plus grande et indomptable, telle que je n'en avais jamais connue, m'a submergé en partant de mes pieds pour prendre possession de mon corps et de ma tête, puis a déferlé sur Wendy.

J'ai plongé mes yeux dans les siens et j'ai entendu une voix (je savais que c'était la mienne, mais elle ne me parvenait pas «de l'intérieur», comme c'est normalement le cas; je l'entendais comme si c'était celle d'un autre) prononcer ces mots: «Ça va sûrement vous paraître ridicule, mais je vous aime.» L'orchestre qui jouait dans ma tête s'est interrompu. Wendy m'a dévisagé. «Oh! mon Dieu, qu'allons-nous faire?» Elle ressentait la même chose! J'avais découvert mon opposée complémentaire, et Wendy avait trouvé le sien.

Que s'est-il passé ensuite? La séance terminée, Cécilia a emporté les chatons chez elle pour la nuit, puis Wendy et moi avons parlé pendant des heures. Nous avions tant à nous raconter! Nous avons partagé nos rêves et nos espoirs, nos opinions, notre histoire personnelle. Nous avons ri des mêmes choses, nous nous sommes émus des mêmes événements. C'était comme une profonde amitié mise en musique.

Nous avions des tas de points communs. Elle était anglaise, comme moi. Nous étions tous deux expatriés au Portugal. Comme moi, elle avait une lueur espiègle dans les yeux. Ses tenues étaient originales tout en restant sobres ; j'aurais aimé que mon style vestimentaire réponde au même équilibre. Surtout, nous travaillions dans des domaines similaires et avions tous deux un penchant prononcé pour l'aventure.

Je sentais aussi que sa personnalité différait de la mienne par certains aspects. Elle était patiente et avait le souci du détail. Elle était courageuse, sérieuse et réservée. Sa façon de me regarder et de m'écouter me donnait la sensation d'être la seule personne qui comptait pour elle.

En me levant ce matin-là, j'étais loin de me douter que, quelques heures plus tard, ma vie serait transformée à jamais. Wendy m'a fait comprendre des choses auxquelles je n'avais jamais pensé, et je lui ai parlé d'endroits et de gens dont elle ignorait l'existence. Pendant que nous riions ensemble et que nous partagions notre histoire, je me sentais fier et invincible. Elle pouvait me parler en toute confiance, car je respectais son opinion. Je n'avais jamais réussi à communiquer avec quelqu'un de cette façon. Nous avions l'impression de nous être cherchés pendant plusieurs vies et de nous être enfin trouvés. Cette rencontre était bénie des dieux ! Nous avons passé les semaines suivantes à nous retrouver à la moindre occasion, à parler et à rire, à partager nos pensées intimes et nos rêves. À être ensemble, tout simplement.

Nous ne nous sommes jamais quittés. Nous avons élevé cinq enfants, qui sont des adultes aujourd'hui, et nous sommes toujours fous amoureux l'un de l'autre. Notre rencontre est restée gravée dans notre mémoire, et l'incroyable romantisme de ce moment nous a profondément liés. Certes, nous avons connu nos périodes difficiles, nos passages à vide, mais nous n'avons jamais envisagé l'idée de mettre un terme à notre relation. On ne peut déchirer son cœur en deux.

Pour la plupart des gens qui nous connaissent, Wendy et moi, il est clair que notre mariage est solide et heureux. Tout le monde veut savoir notre secret. Au début, je ne prêtais pas attention à cette question tant la réponse me semblait évidente : nous avons un respect mutuel, des intérêts communs, de l'attirance, etc. Cependant, cette question ne cessait de revenir, et je me suis rendu compte que ce qui nous unissait était peut-être plus profond que ce qui sautait aux yeux. En appliquant ma formation sur la PNL, j'ai essayé de déterminer quels étaient les points communs des couples épanouis, depuis les premiers rendez-vous jusqu'à la concrétisation, et de les exposer sous une forme simple et concrète. Mon but était de montrer aux lecteurs comment tirer parti de la moindre occasion, éviter les embûches et apprendre des erreurs des autres. Combien de fois ai-je entendu des phrases du genre : « Si j'avais su, je n'aurais jamais pris cette direction. »

En particulier, j'ai entrepris de :

◎ trouver des couples qui sont tombés profondément amoureux et qui ont conservé longtemps l'énergie et l'excitation des premiers instants ;

◎ déterminer les points communs entre ces couples et circonscrire les ressources qu'ils ont à leur disposition ;

◎ diviser les leçons qu'ils nous enseignent sur la rencontre, la connexion et l'union avec l'opposé complémentaire en une série d'étapes que chacun peut suivre aisément.

La recherche d'un mécanisme commun

Je me suis entretenu avec des couples heureux, formés depuis longtemps, mais aussi avec d'autres qui éprouvaient des difficultés. Je me suis penché sur diverses études relatives à ce sujet, j'ai lu quantité d'articles et d'ouvrages, pour me rendre compte que presque aucun auteur ne faisait ressortir ce point pourtant fondamental : les couples solides personnifient l'équilibre entre les maximes *Qui se ressemble s'assemble* et *Les contraires s'attirent*.

Il existe des centaines de livres sur l'art du rendez-vous galant et de la séduction, sur les manœuvres à employer pour arriver à ses fins, etc. Ce qui m'a frappé, c'est que ces ouvrages passent à côté de l'essentiel : dans les relations les plus vivantes, les plus gratifiantes, les partenaires sont des êtres à la fois différents et complémentaires. Toute personne désirant trouver l'âme sœur devrait chercher quelqu'un avec qui elle se sent entière, avec qui un véritable déclic se produit. Chacun a plusieurs opposés complémentaires dans le monde, mais très peu des gens que nous rencontrons le sont. Ils peuvent être charmants, passionnants, mais ils ne nous conviennent pas pour autant. Par conséquent, si nous croisons une personne qui nous plaît beaucoup mais que la relation ne prend pas la tournure espérée, il vaut mieux passer notre chemin. Pas la peine de culpabiliser, ça n'a rien de personnel. Ce n'était pas notre opposé complémentaire, c'est tout.

Depuis la publication de mes deux premiers livres, j'ai participé à une multitude d'émissions de télé et de radio et j'ai été interviewé par des journalistes de dizaines de magazines. Grâce à cette médiatisation, je reçois une foule de courriels de gens qui me demandent comment surmonter leurs problèmes de couple. Ce livre répond à ceux et à celles qui m'ont demandé : « Comment faire pour trouver le grand amour ? » Ces personnes veulent qu'on les accompagne et qu'on leur dise quoi faire, qu'on les aide à surmonter leur désarroi et à atteindre leur but.

Cet ouvrage présente des techniques d'approche qui ont fait leurs preuves et des conseils permettant de faire une excellente première impression. Il vous aidera à vous défaire de vos incertitudes et à vous préparer à vivre une histoire pleine d'amour. Pour ce faire, vous avez pour seules consignes de rester vous-même et d'agir avec naturel. J'ai écrit ce livre avec mon cœur et, comme dans le cas de mes ouvrages précédents, ses principes ont été testés et approuvés.

Je ne vous invite donc pas à vous asseoir et à vous détendre. Au contraire, levez-vous et agissez en suivant les conseils de ce livre. Que vous désiriez ou non qu'on vous prenne par la main, si vous êtes prêt et que vous y mettez du vôtre, il ne vous reste qu'une chose à faire : tourner la page et commencer par le commencement.

Partie I

À vos marques...

Les premières étapes pour connaître l'amour consistent à bien vous connaître et à trouver la personne qui vous complétera.

1

Qu'est-ce que l'amour ?

Le peuple inuit possède des dizaines de mots pour décrire la neige, car celle-ci, sous toutes ses formes (poudreuse, épaisse, légère, soulevée par le vent, etc.), est essentielle à son quotidien et à sa survie. Dans notre culture, à en juger par nos chansons, nos livres et nos films, l'amour tient une place primordiale. Pourtant, nous n'avons qu'un mot pour évoquer ce phénomène infiniment complexe.

L'amour prend tant de formes ! Il y a d'abord celui que nous éprouvons pour nos parents, nos frères, nos sœurs, nos amis. Même si nous laissons de côté ce type de sentiment platonique et familial pour nous concentrer sur l'amour romantique (le sujet de ce livre), il existe de multiples variantes. Chacun a son opinion sur l'amour, et il peut être difficile d'en donner une définition simple.

Selon le dictionnaire, le sentiment amoureux est « une affection et un intérêt profonds, tendres et indescriptibles envers une personne, tels que ceux suscités par la découverte d'affinités, de qualités désirables ou d'harmonie implicite ». Il s'agit d'une définition assez bonne, mais l'amour, c'est beaucoup plus que ça. Il peut être fugace ou durable, tumultueux ou amical, gai ou torturé ; il change d'heure en heure, de semaine en semaine, d'année en année.

Depuis des millénaires, on tente de comprendre et d'expliquer l'amour. Selon moi, une des meilleures observations nous vient des Grecs de l'Antiquité. Il y a près de 2 500 ans, Platon a associé cette émotion à la plénitude. Dans son dialogue *Le symposium*, le philosophe suggère que l'homme est en quête de sa moitié dans l'espoir de se sentir entier. Il appelle «quête de l'amour» ce désir humain de plénitude. Dans ce même dialogue, Socrate, le maître de Platon, donne lui aussi une information intéressante : «Dans l'être aimé, nous cherchons ce que nous n'avons pas.»

Toutes les religions ont leur idée de l'amour, car ce dernier constitue la pierre angulaire des croyances. Assistez à un mariage chrétien et vous entendrez sûrement le discours de saint Paul aux Corinthiens : «L'amour est patient et bon ; il n'est ni jaloux ni vantard ; il n'est ni arrogant ni brutal. L'amour n'impose pas sa loi, il n'éprouve ni colère ni rancune, il ne se réjouit pas du malheur des autres, mais de leur bonheur. L'amour peut tout supporter, il croit en tout, il espère tout et endure tout. L'amour est éternel.»

Dans la religion juive, le mari et la femme se complètent. Selon le rabbin Harold Kushner, le Talmud enseigne qu'un homme ne peut être entier sans épouse, ni une femme sans mari. Quant au Coran, il adopte aussi l'idée que l'amour engendre la plénitude : «Dieu a créé l'homme et la femme pour qu'ils se complètent, comme la nuit complète le jour, et le jour, la nuit.» Le bouddhisme, lui, compare l'amour et le mariage à l'entremêlement du vide et de la félicité. Le dalaï-lama, chef spirituel de la branche tibétaine de cette religion, dit : «L'amour et la compassion ne sont pas un luxe, mais une nécessité. Sans eux, l'humanité ne survivrait pas.»

> «L'amour et la compassion ne sont pas un luxe, mais une nécessité. Sans eux, l'humanité ne survivrait pas.»
> — Le dalaï-lama

Pour comprendre l'amour, les chercheurs en sciences sociales adoptent une approche plus analytique. Par exemple, Richard Rapson et Elaine Hatfield, qui travaillent à l'Université d'Hawaii, distinguent l'amour passionnel de l'amour tendre. Ils définissent le premier comme un état de désir intense et continu d'union avec une autre personne, impliquant une attirance sexuelle et de puissantes réactions émotionnelles. Le second n'est pas aussi enflammé. Il consiste à éprouver de l'affection, de l'attachement et de la confiance, ainsi que le désir d'une forme d'engagement.

Robert Sternberg, professeur de psychologie et d'éducation à l'Université de Yale, a formulé une théorie triangulaire de l'amour selon laquelle celui-ci est fait de passion, d'intimité et d'engagement. La passion est la dimension physique : elle provoque l'excitation, suscite le désir et peut conduire à prendre de mauvaises décisions. L'intimité est la joie ressentie dans la proximité de l'autre et dans la connexion avec lui, tandis que l'engagement est la décision mutuelle de préserver ce lien. Selon Sternberg, les combinaisons de ces éléments engendrent différentes sortes d'amour. Lorsqu'on arrive à relier les trois pointes du triangle, on obtient l'amour éternel.

Un point de vue plus personnel

Les romanciers et les poètes portent un autre regard sur cette émotion insaisissable. D. H. Lawrence a écrit ceci : « Autorisez-vous à tomber amoureux. Si ce n'est pas le cas, vous êtes en train de gâcher votre vie. » Quant au romancier Marcel Proust, auteur incontournable, il avance l'idée que l'amour est subjectif, c'est-à-dire que nous n'aimons pas les personnes réelles, mais seulement celles que nous avons créées dans notre esprit. Pour Antoine de Saint-Exupéry, le père du *Petit Prince,* l'amour ne se limite pas à se regarder les yeux dans les yeux, mais à regarder ensemble dans la même direction.

Aucun écrivain n'est aussi intarissable que William Shakespeare lorsqu'il est question d'amour. Dans *Le songe d'une nuit d'été*, on peut lire : « La course de l'amour vrai n'est jamais sans embûche. » Et, dans *Les deux gentilshommes de Vérone* : « L'espoir est la besogne de l'amour. » Dans *Comme il vous plaira*, le dramaturge compare l'amour à la folie.

Pas besoin d'être un artiste ou un philosophe pour avoir sa propre idée de l'amour. Durant mes conférences, lorsque je pose la question « Qu'est-ce que l'amour ? » à l'assistance, je n'obtiens jamais la même réponse.

Carole, 21 ans, a répondu : « Quand on est amoureux, on a le trac et on sourit tout le temps. » Marc, 32 ans : « C'est un mélange de passion, de force, de peur, d'excitation et de confusion. » Christine, la quarantaine, a dit d'une voix douce : « C'est savoir ce que veut l'autre sans avoir à lui poser la question. » Son amie Marie a proposé : « C'est une rivière qui coule entre deux cœurs. »

Quelques-unes de mes définitions préférées de l'amour m'ont été données par des enfants. J'ai demandé à la petite Rebecca, huit ans, ce que ça voulait dire, pour elle, être amoureux. Voici ce qu'elle m'a répondu : « Depuis que ma grand-mère a mal aux os, c'est dur pour elle de se pencher pour mettre du vernis sur ses ongles d'orteils. Alors, mon grand-père le fait pour elle, même si lui aussi commence à avoir mal. C'est ça, être amoureux. » La réponse d'Arthur, quatre ans, était pleine de poésie : « Quand quelqu'un t'aime, il dit ton nom autrement. » Chloé, une fille de huit ans déjà très passionnée, n'y est pas allée par quatre chemins : « L'amour, c'est quand maman voit papa tout dégoûtant de sueur et qu'elle dit qu'il est encore plus beau que Robert Redford. »

Les phases de l'amour

Si l'amour est si difficile à définir, c'est qu'il ne s'agit pas d'un bien qu'on possède ou qu'on peut se procurer, comme une couette moelleuse ou un bon bain chaud. C'est un processus qu'on provoque ou qui nous tombe dessus. Quand on le définit, il faut tenir compte des répercussions émotionnelles et physiques qui l'accompagnent. Le vrai sentiment amoureux se déploie progressivement, passant généralement par quatre stades : l'attirance, la connexion, l'intimité et l'engagement. Le premier repose principalement sur le physique ; il est déclenché par des signaux non verbaux qu'on transmet par notre attitude, nos caractéristiques physiques, notre tenue vestimentaire, bref, notre apparence. Les trois stades suivants se fondent avant tout sur l'attirance mentale ou émotionnelle. Ils consistent à déployer une intimité et une confiance mutuelle. Et vous savez quoi ? Bien souvent, tout commence par un regard et un sourire.

La première étape de la relation amoureuse est donc l'attirance. Sans elle, rien n'est possible. Nous passons notre vie à nous juger les uns les autres, en particulier les inconnus. La nature humaine est ainsi faite. L'évaluation immédiate que nous faisons des autres est une réaction comportant des éléments de fuite, de défense, de combat ou d'attirance. Toute rencontre ne présente qu'une alternative : c'est une menace ou une occasion. Nous jugeons hâtivement l'autre : ai-je affaire à un ami ou à un ennemi ? À une occasion ou à une menace ? Est-il engageant ou repoussant ? Nous avons tous des idéaux et des préférences, déterminés en grande partie par la société, les médias, nos parents et nos amis. En présence de certaines personnes, nous nous sentons menacés ; d'autres nous désarçonnent, d'autres encore nous séduisent au premier regard. En règle générale, nous sommes attirés par les êtres qui, à nos yeux, correspondent à nos idéaux et à nos préférences.

Deux personnes se rencontrent et ressentent une attirance mutuelle. Très bien. Elles peuvent passer à la seconde étape : la connexion. Si elles envoient les bons signaux et disent les mots qu'il faut, celle-ci se fera facilement et en douceur.

Il sera alors temps de passer à l'étape suivante : l'installation d'une forme d'intimité. À ce stade, les confidences jouent un rôle essentiel.

On distingue deux sortes d'**intimité** : l'émotionnelle et la sexuelle. Ce livre traite d'abord et avant tout de la première. Loin de moi l'idée de m'immiscer dans la vie sexuelle des gens ; voilà pourquoi je ne me pencherai pas ici sur les méthodes de flirt visant à pousser la proie à franchir le seuil de la chambre à coucher.

> Envoyez les bons signaux, dites les mots qu'il faut : la connexion se fera facilement et en douceur.

L'intimité émotionnelle est engendrée aussi bien par des signaux non verbaux (contact visuel prolongé, frôlement fortuit) que par des conversations menant à des confidences où nous laissons s'exprimer notre personnalité. Au fil de ces dernières, nous circonscrivons des points communs qui semblent anodins mais qui sont essentiels, car ils donnent aux deux individus en présence le sentiment de « s'être trouvés ».

À partir de là, le passage à l'engagement est aussi naturel que l'instinct de survie. Dorénavant, la solitude est derrière nous : nous sommes entiers, engagés dans une relation, plus vivants que jamais.

Qui aime la solitude ?

Pourquoi les humains tiennent-ils tant à avoir quelqu'un de spécial dans leur vie ? Il ne s'agit pas seulement d'avoir un compagnon ou de nous sentir en sécurité ; il s'agit surtout de pouvoir exprimer nos émotions et notre intellect. Nous cherchons une personne à qui parler de nos expériences et de nos opinions. Nous désirons que quelqu'un soit prêt à partager avec nous les plaisirs de la vie et, surtout, à nous renvoyer un jugement critique – nous voulons que l'autre réagisse à nos propos et nous dise si nous sommes à la hauteur. Nous avons besoin d'un témoin qui puisse valider nos actions et nous compléter.

Lorsque deux personnes communiquent librement et régulièrement, qu'elles expriment leurs sentiments et leurs émotions, elles s'apportent du réconfort, de l'espérance, et établissent un rapport tranquille avec l'avenir. Une belle relation amoureuse donne tout cela, et même davantage. Les scientifiques ont montré que les échanges émotionnels entre les amoureux équilibrent et régulent le rythme de leurs organes vitaux, tout en contribuant à préserver leur santé. Lorsqu'on est amoureux, la pression artérielle, l'équilibre hormonal, le rythme cardiaque et l'absorption du sucre dans le sang s'améliorent. En d'autres termes, l'expression « avoir des atomes crochus » n'est pas qu'une métaphore. En s'éveillant à la vie, les amoureux ont plus de chances que les solitaires de faire de vieux os et de mener une vie riche, saine et excitante.

En quête d'amour

D'accord, l'amour est essentiel à la santé et au bien-être. Cependant, pourquoi est-ce si difficile de mettre la main dessus ?

Pour commencer, il faut se rendre à l'évidence que la plupart des théories des films hollywoodiens sur le partenaire idéal sont complètement idiotes. Les médias en général sont également de bien mauvais conseillers en la matière. À lire trop de magazines, à regarder trop de séries ou de films, on pourrait facilement croire qu'il faut une certaine allure, porter tel ou tel parfum, maîtriser tel sujet de discussion et aspirer à certains objectifs bien précis de salaire et de carrière pour ne pas être éjecté de la course au partenaire idéal.

Les vedettes de la télévision et des magazines sont exactement comme vous et moi. Je le sais, j'ai passé des années à les photographier. Ce sont des gens normaux, mis à part le fait qu'ils sont passés entre les mains d'une coiffeuse et d'une maquilleuse et que le cliché a été retouché. Ils tiennent des propos que d'autres ont écrits pour eux, portent des vêtements que d'autres ont choisis, passent la moitié de leur vie à suivre des régimes, sans parler des opérations chirurgicales douloureuses que certains endurent. Quand on lève le voile, la réalité est bien cruelle : toutes ces heures passées à étudier leur style, leur discours ou même leur bronzage ne donnent en aucun cas aux stars une meilleure estime d'elles-mêmes. À l'intérieur, elles sont comme tout le monde.

En essayant d'atteindre les idéaux que les médias nous mettent sans cesse sous les yeux, nous avons fini par enfiler des masques et par avoir le béguin pour des individus qui en portent. Est-il étonnant que, lorsque les masques tombent, nous ressentions une incompatibilité, une frustration et une colère profondes devant la réalité? Est-il surprenant que plus d'un mariage sur deux se termine par un divorce?

Évidemment, je ne vous conseille absolument pas de vous négliger! Au contraire, vous devez tirer le meilleur parti de vos atouts. Mon but est de vous faire comprendre que ce n'est pas parce que vous n'êtes pas béat d'admiration devant les stars de la télé et des magazines que quelque chose ne tourne pas rond chez vous. Elles aussi sont perplexes devant l'image que leur renvoie leur miroir. Restez vous-même, optimisez vos atouts et débarrassez-vous de votre masque. Peut-être vous rendrez-vous compte alors que vous cachez ce que vous avez de plus précieux à offrir.

 Une douce musique

Nous connaissons tous ce dicton: *chaque pot a son couvercle*. Rien n'est plus vrai. Peu importe qui vous êtes, ce que vous pensez, à quoi vous ressemblez, votre opposé complémentaire est là, quelque part, à vous attendre, à vous guetter. Il souffre de ne pouvoir vous toucher, vous chérir, vous admirer, vous aimer. Vous n'avez qu'une chose à faire: le trouver. Nous aborderons cela au chapitre 3.

Avez-vous déjà entendu dire que deux êtres faits l'un pour l'autre jouent une musique enchanteresse? La métaphore semble un peu fleur bleue, mais elle vise juste. Considérez les connaissances que je vais partager avec vous comme des gammes que vous devez répéter encore et encore pour être capable de composer la chanson d'amour la plus touchante de tous les temps!

Nous avons aussi été conditionnés à croire que le prince charmant viendra sonner à notre porte comme par enchantement. C'est rarement le cas. Bien entendu, le coup de foudre existe (voir page 222), mais il serait fou de tout miser là-dessus. Si vous perdez votre emploi et si vous décidez d'attendre qu'on frappe à votre porte pour vous offrir le poste de vos rêves, vous devrez vous armer de patience (et avoir de l'argent en banque). Il vous faut forcer le destin en allant vers les autres, en exploitant les occasions de rencontres qui se présentent à vous, en vous constituant un réseau.

C'est là qu'intervient la stratégie amoureuse, qui consiste en une série d'étapes destinées à vous aider à créer des liens solides avec votre opposé complémentaire. Il ne s'agit pas d'un processus froid, calculateur, selon lequel vous vous contenteriez d'un second choix faute de mieux, histoire de vous caser. Au contraire, vous devez décortiquer le processus et suivre délibérément certaines étapes. Cette approche est établie à partir des expériences de ceux qui sont parvenus à vivre une relation heureuse et durable.

Néanmoins, dans la mesure où on apprend beaucoup de ses erreurs, la stratégie amoureuse repose aussi sur les expériences de ceux qui ont connu des échecs. Elle met de l'avant le langage corporel, ainsi que certaines techniques linguistiques permettant d'utiliser au mieux son corps, sa personnalité et ses aptitudes sociales.

Tout d'abord, il vous faut évaluer le type de discours intérieur qui vous est propre et définir votre personnalité. Ensuite, étudiez vos réponses à la loupe. Êtes-vous plutôt extraverti ou introverti? Qui vous commande, votre raison ou vos émotions? Êtes-vous visuel, sensoriel, kinesthésique ou auditif? Lorsque vous vous connaîtrez mieux, vous pourrez déterminer quel genre d'individus vous avez le plus de chance d'aimer et lesquels sont les plus susceptibles de tomber amoureux de vous.

S'en remettre au hasard

Ne serait-ce pas formidable si nous pouvions tomber amoureux de la bonne personne au premier coup d'œil ? Elle le regarde, il la regarde, elle sourit, il sourit... Soudain, la passion naît, les inhibitions disparaissent, et boum ! c'est le coup de foudre. Ce type de rencontre survient lorsque deux personnes découvrent, dès les premières secondes, que leurs désirs seront comblés si elles sont ensemble. L'attirance est si profonde qu'elle les pousse à agir. En fait, elle est généralement si forte qu'il n'y a plus de place pour la prudence.

Des chercheurs ont montré que ce type d'attirance n'est pas seulement physique ou sexuelle : elle se manifeste quand deux êtres découvrent qu'ils se complètent parfaitement, tant sur le plan de la personnalité que sur celui du tempérament.

Le Dr Earl Naumann, auteur de *Love at First Sight*[1], a enquêté auprès de 1 500 personnes de toutes les origines ethniques, sociales et religieuses aux États-Unis. Ses recherches lui ont permis de conclure que le coup de foudre n'est pas si rare. En fait, si on y croit, on a environ 60 % de chance d'en faire l'expérience.

- Près des deux tiers de la population croient au coup de foudre.
- Plus de la moitié de ceux qui y croient l'ont déjà connu.
- On note que 55 % des coups de foudre ont conduit au mariage.
- Les trois quarts des couples qui se sont unis à la suite d'un coup de foudre ne se sont jamais séparés.

Prenons à titre d'exemple l'histoire de Francis et Marthe, les parents de deux de mes meilleurs amis. Pendant la Seconde Guerre mondiale, Francis était pilote de Spitfire. Un soir, il a assisté à un spectacle destiné aux troupes. « À l'instant où Marthe est apparue sur scène, j'ai éprouvé un sentiment extrêmement singulier, m'a confié Francis. J'ai immédiatement pensé que c'était la femme de ma vie. J'en aurais mis ma main à couper. J'ignorais tout d'elle, mais je savais une chose : elle resterait à mes côtés jusqu'à la fin de mes jours. Après la représentation, je me suis faufilé dans les loges et me suis débrouillé pour qu'on me la présente. Nos regards se sont croisés, et j'ai senti une vague d'amour immense me submerger et me couper le souffle. Je me rappelle m'être dit que ces quelques secondes valaient à elles seules une vie entière. »

---

1. Qu'on peut traduire par le coup de foudre.

Francis et Marthe sont mariés depuis 48 ans ; ils ont 2 enfants et 5 petits-enfants. Détail intéressant : de nombreuses années plus tard, leur fils Martin a croisé trois agents de bord dans un bar de Chicago, où il passait quelques jours pour le travail (c'est un brillant homme d'affaires). « Le temps s'est arrêté quand j'ai vu l'une d'elles, m'a-t-il raconté. Je me suis tourné vers un collègue pour lui dire : "C'est la femme de ma vie." » Il ne s'était pas trompé. Aujourd'hui, 24 ans plus tard, ils ont 3 beaux enfants.

EXERCICE

Qui êtes-vous ? Quelle image renvoyez-vous ?

Prenez quelques minutes pour vous poser les questions suivantes, relatives au regard que vous portez sur vous-même, à la perception que les autres ont de vous et aux qualités que vous jugez importantes chez les autres.

1) Citez cinq mots qui, selon vous, pourraient vous décrire.

2) Citez cinq mots que, selon vous, les autres pourraient utiliser pour vous décrire.

3) Ces termes sont-ils les mêmes ? Si non, comment expliquez-vous cette divergence ?

4) Quel est le plus beau compliment qu'on vous ait fait, mis à part des remarques sur votre aspect physique ?

5) D'après vous, quelles sont les trois qualités les plus importantes d'un ami ? d'un collègue ? d'un amant ?

Quand vous saurez ce que vous cherchez, vous pourrez peaufiner votre présentation, afin de faire une excellente première impression et d'optimiser votre capacité à établir le contact et à trouver des points communs entre l'autre et vous. Vous pourrez ensuite passer à l'étape de l'intimité en vous confiant à l'autre et en partageant des renseignements personnels avec lui. Plus loin, je vous en apprendrai davantage sur la gestion du *timing*, des risques et de l'excitation pour que vous puissiez suivre ces étapes de la manière la plus efficace possible.

2

Dis-moi qui tu es, je te dirai qui est ta moitié

Imaginez que vous êtes condamné à passer le reste de vos jours dans une barque. Elle est plutôt grande : deux personnes ne sont pas de trop pour la manœuvrer. Vous devez donc vous mettre d'accord avec votre coéquipier sur la direction à prendre, veiller à ramer au même rythme que lui et vous concentrer sur votre côté du bateau... si vous ne voulez pas naviguer en rond. Vu ces contraintes, il est logique de ne pas choisir le premier venu pour partenaire.

Ce bateau symbolise le couple. Les autres ne sont pas forcément enclins à le faire progresser de la même manière que vous, d'où l'intérêt d'opter pour un bon partenaire. Celui-ci devra choisir le même cap que vous, s'entendre avec vous et stimuler votre enthousiasme quand la fatigue et les efforts rendront le voyage pénible. Vous aurez l'un et l'autre à faire des concessions, à vous remonter mutuellement le moral, à supporter les ras-le-bol et l'humeur bougonne de l'autre, à le calmer et à le protéger, à surmonter les crises, à vous faire des amis en chemin, à veiller l'un sur l'autre, à faire un peu de place aux passagers éventuels. C'est un choix important : plusieurs candidats se succéderont sans doute avant que vous mettiez la main sur la perle rare.

Ramer ensemble, c'est évoluer ensemble, suivre autant que possible les mouvements de l'autre, sans quitter son côté du bateau. Pendant ce long périple, votre coéquipier devra rendre le voyage intéressant, vous proposer de nouvelles perspectives, vous faire découvrir de nouveaux horizons. Il devra vous comprendre et vous encourager, vous ressembler par certains aspects tout en se démarquant par d'autres.

La clé du cœur

Au début de mes conférences, je demande souvent aux participants : « Alors, comment vous y prenez-vous pour séduire quelqu'un ? » Les réponses sont aussi variées que les définitions de l'amour évoquées dans le chapitre précédent.

Un homme d'une vingtaine d'années :

– Je l'emmène dans les montagnes russes pour qu'elle passe un moment super, puis je lui dis que j'aimerais sortir avec elle.

– Ç'a marché jusque ici ?

– Non, mais j'ai lu quelque part que c'était une bonne combine.

Une jolie femme dans la trentaine :

– Je me laisse aller. Si un homme me plaît, je n'hésite pas à le draguer.

– C'est concluant ?

– Non. Je ne compte plus les fois où je me suis couverte de ridicule.

Un bel homme tiré à quatre épingles :

– Je montre que je suis plein aux as.

– Ça donne des résultats ?

– Bien sûr… avec les chercheuses d'or.

Une brune de 25 ou 30 ans :

– Je me montre sympa et conviviale mais, en fin de compte, je deviens simplement l'amie de tas de gens comme moi.

Un homme au fort accent australien :

– Un jour, je lui offre des fleurs et je lui sors le grand jeu, puis je fais le mort pendant une semaine. Ensuite, je reviens vers elle comme si c'était la seule femme qui existait sur terre.

– Ça marche?

– Oui et non. Peut-on dire que ç'a fonctionné pour moi, qui ai deux divorces à mon actif?

La plupart d'entre nous sommes relativement ignorants en matière de rencontre amoureuse. C'est pourquoi nos tentatives se révèlent souvent infructueuses. À force de nous dire que l'amour arrivera (après tout, ça se passe comme ça dans les films, non?), nous nous en remettons fréquemment au hasard. Cependant, comme dans tous les domaines, il est beaucoup plus facile de trouver quelque chose quand on sait ce qu'on cherche.

Le principe d'accomplissement de soi

Avez-vous déjà entendu des gens épanouis, stables et bien dans leur couple dire: «Grâce à lui (ou à elle), je me sens enfin entier (ou entière)» ou «Nous étions faits l'un pour l'autre, tout simplement»? Ils ont bien raison: dans le couple, chacun apporte des éléments qui manquent à l'autre. Ensemble, les amoureux obtiennent beaucoup plus que la somme de leurs parties. À leur façon, ils disent qu'ils sont des opposés complémentaires et que ce qui les oppose cimente leur relation. Rappelez-vous cette phrase de Socrate, évoquée dans le chapitre précédent: «Chez l'être aimé, nous cherchons ce que nous n'avons pas.»

Presque toutes les amitiés reposent sur le principe suivant: nous apprécions les êtres qui nous ressemblent. Nos amis ne sont pas nos clones pour autant. La différence a sa place à bien des égards, mais nos points communs sont indéniables et essentiels: valeurs, loisirs, traditions, convictions politiques, milieu culturel, etc. Plus on a de similitudes, mieux on s'entend.

Le phénomène de la ressemblance est crucial dans les histoires d'amour. Les exemples sont légion : les amateurs de sensations fortes aiment sortir avec leurs semblables, les intellectuels s'entendent avec les intellectuels, les gens fortunés préfèrent frayer avec des individus du même milieu, etc. On se sent plus à l'aise dans un cadre familier. Plus on a de points communs avec quelqu'un, plus le bien-être et la confiance sont au rendez-vous. À long terme, il est beaucoup plus facile de coexister harmonieusement avec une personne qui a les mêmes croyances que soi et les mêmes objectifs en matière d'argent, de réussite, d'éducation, etc. Les histoires de millionnaires hollywoodiens qui épousent leur femme de chambre et coulent des jours heureux sont distrayantes et romantiques mais, si vous cherchez un partenaire pour la vie, ce ne sera pas aussi simple.

Cela dit, la relation doit comporter une dimension supplémentaire pour que les partenaires puissent évoluer, s'épanouir et rayonner. Il s'agit de l'opposition.

Quand on a des personnalités différentes, on se complète. Vous êtes impulsive et sûre de vous ? Vous vous entendrez parfaitement avec un introverti, qui puisera de l'énergie dans vos initiatives. Examinons le fonctionnement de ce principe en situation réelle.

Alain est vice-président aux ressources humaines dans une entreprise. C'est un bel homme intelligent, au début de la trentaine. J'ai fait sa connaissance à l'occasion d'une de mes conférences, il y a quelques années. Il se sent prêt à se marier et à fonder une famille. Il est sorti avec plusieurs femmes élégantes et ravissantes, qui menaient de brillantes carrières (une était animatrice à la radio, une autre dirigeait sa propre société d'informatique). Pourtant, son enthousiasme s'essoufflait toujours après les premiers mois. Un jour, il a rencontré Sarah. Au dire des amis d'Alain, elle est assez jolie, mais pas autant que les femmes qu'il fréquente d'habitude. Son travail n'est pas particulièrement prestigieux, et ses responsabilités, assez limitées : elle est assistante de direction dans un petit hôtel.

Voici comme Alain décrit le déclic qui s'est produit entre elle et lui : « Depuis le début, Sarah me donne l'impression que je suis spécial. Sa voiture est tombée en panne juste devant la mienne, en plein embouteillage, et je suis sorti pour l'aider. Ça l'a beaucoup touchée. (Il laisse échapper un rire.) Mes ex m'auraient dit de me mêler de mes affaires, qu'elles étaient assez grandes pour se débrouiller toutes seules. »

 Tout les oppose

Les contraires s'attirent : voilà une phrase que nous entendons tout au long de l'existence. Mais est-ce si vrai que ça ? Pour faire court, disons que ça dépend. Il nous arrive de nous sentir attirés par une personne qui ne nous ressemble a priori en rien : elle est beaucoup plus jeune ou beaucoup plus âgée que nous, plus extravertie ou plus sérieuse. Il y a fort à parier que, rapidement, un des deux décidera de sauter du bateau et de laisser l'autre ramer en rond...

Alain s'est rapidement rendu compte que, quelle que soit la situation, il se sentait plein d'énergie grâce à Sarah, ce qu'il n'avait jamais éprouvé avec ses ex. Celles-ci prétendaient l'aimer, mais il avait toujours la désagréable impression d'être en compétition avec elles, même pour des broutilles. C'était différent avec Sarah. « J'ai l'étrange sensation qu'on est faits l'un pour l'autre », affirme-t-il.

– Qu'est-ce qui rend Sarah si unique à tes yeux ? lui ai-je demandé.

– Elle me motive. Avec elle, je me sens capable de déplacer des montagnes, m'a-t-il répondu du tac au tac.

– Autre chose ?

– Trois choses : elle est intelligente, elle est prévenante et... elle a de la classe.

– Comment ça ?

– Elle sait s'habiller. Elle a fière allure.

Ces relations surviennent souvent durant les périodes de transition où, pour une raison ou pour une autre, l'envie nous prend de sortir de nos vieux schémas. Le contraste offert par une rencontre peut nous emballer : les individus très responsables ressentent du plaisir à côtoyer des gens plus sauvages, et les rêveurs invétérés trouvent du réconfort auprès de personnes droites et rigoureuses. Hélas, à mesure que la relation s'épanouit, nous nous mettons à percevoir ces différences comme des défauts. L'autre doit à tout prix rentrer dans le moule que nous avons choisi.

J'ai rencontré Sarah environ un mois après cette conversation. Alain nous avait invités, Wendy et moi, à passer la journée sur son voilier. Nous avons jeté l'ancre dans une baie. Pendant que nos partenaires respectifs préparaient le repas, Sarah et moi avons discuté quelques instants.

— Vous formez vraiment un joli couple, lui ai-je lancé.

— Jusqu'à présent, ça se passe à merveille.

— À quoi est-ce dû, selon toi ?

— Alain est incroyable. Il a une vie bien remplie, et pourtant, il prend le temps de s'amuser, de profiter de la vie… comme avec ce voilier.

— C'est ça qui t'a séduite ?

— Eh bien, j'aime ce côté de sa personnalité, mais ce n'est pas cela qui m'a plu au tout début. Le jour où je l'ai rencontré, après l'épisode de la panne de voiture, j'ai insisté pour lui offrir un café. Nous avons parlé de politique pendant des heures (c'était au moment des élections). Il a écouté attentivement mes propos et m'a posé des questions pertinentes. Il est séduisant et il a de l'humour, mais ce qui m'a vraiment plu chez lui, c'est qu'il m'a prise au sérieux. C'est le premier de mes partenaires qui agit comme ça avec moi, et c'est ce qui a fait la différence. »

Alain comble un besoin bien précis chez Sarah : avec lui, elle se sent brillante, perspicace, entière. De son côté, elle stimule Alain. Auprès d'elle, il se sent fort. Chacun est la réponse que l'autre attendait.

Apprenez d'abord à bien vous connaître

Si on demande à quelqu'un ce qu'il cherche avant tout chez un compagnon, il évoque le plus souvent des qualités qui comptent à ses yeux : « Il doit avoir un grand sens de l'humour », ou « Elle doit avoir de l'énergie à revendre et le goût de l'aventure », ou encore, dans un registre plus classique « Il faut qu'il soit grand, blond, et qu'il ait les yeux bleus. » Or il est préférable de nous concentrer non pas sur l'autre, mais sur nous-même, en particulier sur ce que nous voudrions éprouver en sa présence. Comme je l'ai dit dans l'introduction, nous ne tombons pas amoureux d'une personne, mais de ce que nous ressentons quand elle est là. Alain et Sarah l'ont découvert : ils aiment ce que la présence de l'autre ou le simple fait de penser à lui leur procure. Pour déterminer ce qui vous manque pour vous sentir entier, répondez à ces questions.

1. Vous jugez-vous davantage guidé par votre raison ou par vos émotions ?

2. Vous décririez-vous comme quelqu'un d'extraverti ou de réservé ?

Sarah a répondu qu'elle était **rationnelle** et **réservée,** tandis qu'Alain a dit être **rationnel** et **ouvert.** Par certains traits, ils se ressemblent comme deux gouttes d'eau, alors que, pour d'autres aspects, ils s'opposent : bref, ce sont des opposés complémentaires.

Le tableau de la page suivante vous aidera à déterminer la tendance de votre personnalité et le type de partenaire qui vous conviendrait le mieux. Il n'y a pas de bonne ou de mauvaise réponse : fiez-vous simplement à votre instinct. Commencez par éliminer les cases qui ne s'appliquent pas à vous, puis penchez-vous sur celles qui restent pour voir laquelle s'accorde le mieux à votre personnalité. Si un ou deux termes ne collent pas, n'en tenez pas compte. N'oubliez pas : ce qui compte, c'est l'image que vous avez de vous-même et non ce que les autres pensent de vous. Soyez honnête : ça restera entre vous et vous.

Les caractères compatibles

Plus rationnel qu'émotionnel

Plus réservé sur le plan social

Plus ouvert sur le plan social

1. Conforme
- Perfectionniste
- Ordonné et organisé
- Goût du détail
- Consciencieux et juste
- Systématique et précis
- Aime prévoir
- Suit les instructions avec précision
- Aime les faits et la logique
- Ne tolère pas la négligence
- N'apprécie pas l'imprévisibilité
- Réagit bien quand il a raison
- Prend mal le fait d'avoir tort
- Sentiment clé : intelligent

2. Dominant
- Entreprenant
- Rapide et ferme
- Direct et plein d'assurance
- Orienté sur l'action
- Aime la puissance et le prestige
- Nerveux
- A un ego très affirmé
- Obstiné (a de la suite dans les idées)
- Tendance à contester
- N'apprécie pas l'indécision
- Réagit bien quand il obtient des résultats satisfaisants
- Prend mal le fait de perdre la maîtrise des situations
- Sentiment clé : puissant

3. Stable
- Fiable et attentif
- Sympathique et coopératif
- Aime travailler dans l'ombre
- Loyal, sincère, aime aider
- Prend les choses à cœur, mais cache ses émotions
- Modeste, réservé et patient
- Tient profondément à ses proches
- N'apprécie pas les changements brusques
- Honnête et fiable
- N'apprécie pas les gens insensibles
- Réagit bien quand il se sent accepté
- Prend mal le fait d'être rejeté
- Sentiment clé : précieux

4. Influent
- Enthousiaste
- Persuasif et distrayant
- Spontané et convivial
- Aime partager ses idées
- Orateur démonstratif
- Aime la reconnaissance et le prestige
- N'aime pas remplir des formulaires
- Tendance à la désorganisation
- Préfère les contacts directs
- Impatient
- Aversion pour la routine
- Réagit bien à l'admiration
- Prend mal la désapprobation
- Sentiment clé : important

Plus émotionnel que rationnel

Les divers types de personnalités

Des siècles durant, les penseurs ont défini quatre grands types de personnalités. Hippocrate, le père de la médecine moderne, leur a donné les noms suivants : flegmatique, colérique, mélancolique et sanguin. Selon lui, l'appartenance à l'une ou à l'autre de ces catégories dépendait de l'influence plus ou moins forte des fluides du corps humain. Beaucoup plus tard, le psychiatre Carl Gustav Jung, n'hésitant pas à sortir des sentiers battus, a défini les personnalités selon quatre fonctions psychologiques fondamentales : la pensée, le sentiment, la sensation et l'intuition. Quels que soient les noms qui leur sont donnés, ces catégories demeurent relativement similaires.

De nos jours, de nombreux organismes dans les domaines de la vente, de la communication ou du coaching utilisent encore, à quelques détails près, la même classification. Par exemple, le système DISC (D pour domination, I pour influence, S pour stabilité et C pour conformité) a été employé pour établir le profil de plus de 50 millions d'individus au cours des 30 dernières années. Quant au 4MAT de McCarthy, il est répandu dans le monde : il sert à enseigner comment les individus, les groupes et les organisations assimilent l'information qu'ils reçoivent et y réagissent. Même si ces systèmes varient quelque peu et usent d'étiquettes différentes, les quatre types de personnalités qu'ils englobent sont toujours très proches.

Chaque type de personnalité présente en principe un sentiment clé qui requiert d'être validé par les autres. Les conformes ont besoin de se sentir intelligents, les dominants aiment se sentir puissants, les influents éprouvent un grand bien-être lorsque leur importance est mise de l'avant et les stables veulent se sentir précieux.

J'ai demandé à de nombreux couples en quoi leur partenaire les complétait. Les sentiments évoqués ci-dessus revenaient sans cesse. « Avec elle, j'ai l'impression d'être le type le plus intelligent du monde », me répondent les conformes. La dominante me dira : « Je me sens forte avec lui. »

La femme stable me confiera plutôt : « Il me montre qu'il a besoin de moi. » Quand on questionne les gens au sujet de leurs ex, on constate qu'ils considèrent l'absence de sentiment clé comme la cause principale de l'échec de leur couple.

Le langage de l'amour

Quand on leur demande comment ils se sentent en compagnie de l'être aimé, tous n'emploient pas précisément les mots « intelligent », « puissant », « précieux » ou « important ». Toutefois, la grande majorité des réponses évoquent ces sentiments de diverses façons. Certains des termes utilisés figurent à la page suivante. Ils renvoient au besoin de valider les sentiments clés. Dans nos rapports avec les autres, il arrive souvent qu'un sentiment détrône les autres. Les conformes sont réfléchis, rationnels, introvertis. Le bon déroulement des choses leur importe plus que leur aboutissement. Ils prennent des décisions logiques, détestent avoir tort et ont besoin de mettre leur intelligence de l'avant. Les dominants, eux, sont des penseurs rationnels et extravertis. Ils sont à l'aise quand ils se sentent puissants. Ils se montrent efficaces, mais peuvent passer pour des êtres tyranniques ou éprouver par moments une envie furieuse de tout commander. Ils ont besoin de faire sentir leur pouvoir aux autres.

Quant aux personnes réfléchies, émotives et introverties, elles appartiennent souvent à la catégorie des stables. Elles aiment être valorisées par les autres, en raison de leur prévenance, du soutien qu'elles apportent à autrui et de leur fiabilité. Finalement, les influents sont des individus réfléchis, émotifs et extravertis : ces « papillons sociaux » sont dotés d'un fort esprit de persuasion et adorent monopoliser l'attention. Ils ont besoin de se sentir importants.

Dans la mesure où elles s'entendent bien dans des domaines qui comptent à leurs yeux (centres d'intérêt, valeurs), les personnes occupant des cases opposées ont plus de chances de nouer des liens durables que celles appartenant à la même case. Imaginez deux individus avides de pouvoir naviguant dans le même bateau, se chamaillant pour commander, pour définir le cap, le rythme et la vitesse de croisière... Et jusqu'où iraient deux personnes en quête de reconnaissance ? De même, que se passe-rait-il si deux individus voulant à tout prix prouver leur intelligence par-taient en croisière ensemble, rabaissant l'autre et critiquant sans cesse ses décisions ? Qu'arriverait-il à deux personnes en quête de valorisation, cherchant par tous les moyens à se montrer prévenantes et ramant sans se poser de questions, préférant caresser l'autre dans le sens du poil que de risquer de faire tanguer le bateau ?

Des synonymes

Conforme	Dominant	Stable	Influent
Intelligent	Puissant	Précieux	Important
Raisonnable	Courageux	Prudent	Comme un héros
Astucieux	Confiant	Solide	Jeune loup
Habile	Motivé	Aimé	Réputé
Juste	Fort	Indispensable	Persuasif
Perspicace	Attitude de champion	Utile	Expressif
Avisé		Engagé	Populaire
Pris au sérieux	« Il s'est fait tout seul. »	Aimable	Optimiste
Parfait		Paisible	
		Précieux	
		Intéressant	

Mieux vaut associer un influent avec une conforme et les laisser partir pour un voyage plein de surprises mais bien organisé. Un seul des deux cherchera à satisfaire les besoins de l'autre, afin d'embellir son image de lui-même. L'association dominant-stable est elle aussi prometteuse : il y aura à bord un capitaine sûr de lui et un équipage motivé. On peut aussi lier un stable à une influente, histoire de transformer le bateau en parc d'attractions flottant.

Vous commencez à comprendre comment ça marche : un plus un égale deux, cela ne change pas ! Et quand les protagonistes sont des opposés complémentaires, les possibilités sont infinies. Si vous avez foulé aux pieds le sentiment clé de votre partenaire, vous pouvez vous rattraper en ménageant sa sensibilité. S'il est de type conforme, rassurez-le en lui montrant que vous respectez son intelligence et que vous accordez de la valeur à ses opinions. S'il est de type stable, montrez-lui qu'il est précieux pour vous. Bref, veillez à préserver le sentiment clé de votre amoureux.

La deuxième fois, tout est différent

J'ai rencontré Michael quand il avait 14 ans. Nous ne nous sommes jamais perdus de vue. Aujourd'hui, il dirige une entreprise de textile comptant plus de 450 employés. Je déjeunais un jour avec lui lorsque son ami Florent s'est arrêté à notre table pour le saluer. Nous l'avons invité à se joindre à nous et, au fil de la conversation, j'ai appris que Florent avait épousé Virginie, l'ex-femme de Michael, et qu'ils avaient la garde des enfants de ce dernier. Michael, quant à lui, vit depuis 12 ans un mariage heureux avec une femme prénommée Jennifer.

Les deux hommes gèrent la situation de façon absolument remarquable. Cela ne les dérange pas le moins du monde d'aborder le sujet. Dans un premier temps, je leur ai demandé ce qu'ils pensaient de la phrase citée précédemment : nous ne tombons pas amoureux d'une personne, mais de ce que nous éprouvons en sa présence. Les deux l'ont trouvée juste.

J'ai alors demandé à Michael de terminer la phrase suivante :

– Jennifer me donne avant tout l'impression de…

– Facile, a-t-il répondu, elle me donne l'impression d'être invincible.

– Est-ce que Virginie t'a déjà donné ce sentiment ?

– Pas une seule fois, a-t-il répliqué en riant.

À vous de jouer

Mettez en application ces découvertes sur les quatre types de personnalités. Si vous êtes un influent, par exemple, vous devriez vous sentir comblé par une personne mettant l'accent sur votre importance. Repensez à votre vie et à vos rapports avec les autres (ex, amis, collègues, etc.). Ceux avec qui vous vous sentez le plus heureux sont-ils ceux qui vous donnent l'impression d'être important ?

J'ai posé la même question à Florent, à propos de Virginie. Il a répondu : « Le mot qui me vient à l'esprit est "raisonnable". » J'ai demandé à Michael s'il avait déjà ressenti cela en compagnie de Virginie. Il a répliqué : « Elle me donne plutôt l'impression de perdre souvent les pédales. »

À l'époque, je finalisais les autoévaluations qui figurent à la fin de ce chapitre. J'ai demandé à Michael et à Florent s'ils accepteraient de se prêter à ce petit jeu entre le dessert et le café. Michael a terminé le questionnaire en premier et me l'a tendu en disant : « C'était du gâteau. » Comme je l'avais deviné, c'est un dominant. Florent s'est éternisé, s'arrêtant à des détails et critiquant certaines formulations. Michael a ri et s'est penché vers lui : « Laisse-moi deviner… Tu n'appartiendrais pas à la catégorie des conformes, par hasard ? » Florent a ri de bon cœur. « Bon, c'est vrai, je plaide coupable. »

Je leur ai demandé si cela gênerait Virginie et Jennifer de se prêter à cette évaluation sans qu'ils interviennent. Quelques jours plus tard, les femmes m'ont envoyé leurs résultats par courriel. Virginie est une dominante, et Jennifer, une personne de type stable.

Ces quatre individus s'entendent sur les plans social, culturel, intellectuel et même physique, mais le mariage de Virginie et Michael a échoué parce qu'ils sont tous deux des dominants. Si le mariage de Virginie avec Florent et celui de Michael avec Jennifer fonctionnent, c'est parce qu'ils ont finalement trouvé leur opposé complémentaire.

Un enthousiasme mutuel

Beaucoup de relations se fondent au départ sur les perceptions extérieures : nous rencontrons quelqu'un qui nous plaît physiquement. À partir de là, nous essayons de construire une relation. Or, comme dans toute construction, les fondations doivent être solides pour tenir longtemps. En parcourant ce chapitre et en remplissant l'autoévaluation qui suit, vous découvrirez quel est votre type de personnalité, quels sentiments vous permettent de vous accomplir dans une relation amoureuse et quel genre de partenaire vous convient le mieux. En amour, tout repose sur l'enthousiasme mutuel. Avec la bonne personne, l'alchimie opère. Elle sera encore plus puissante si vous êtes deux à la ressentir. L'objectif n'est plus de chercher à faire fonctionner votre couple à tout prix, mais de trouver une personne qui vous complète.

 Un champ de mines mental

Vous voulez signer l'arrêt de mort de votre couple ou mettre au jour les pires facettes de votre partenaire ? Maltraitez son sentiment clé. Ce dernier gouverne son comportement et son image de lui-même ; l'ébranler peut avoir de graves conséquences à long terme.

Par exemple, les dominants, qui ont besoin de tout maîtriser, se sentent bien quand ils arrivent à préserver l'ordre des choses. Si votre partenaire est de ce type, évitez de lui faire sentir qu'il perd les pédales ou qu'il devient tyrannique. Vous pouvez même l'aider à se sentir maître de la situation à son insu.

De la même façon, si votre partenaire est de type conforme, vous courez le risque, en l'embarrassant ou en l'humiliant, de faire de lui un enquiquineur de premier ordre. Il est possible que cela soit fatal à votre couple ; en effet, votre amoureux pourrait vous quitter pour quelqu'un de plus respectueux.

Vous pouvez faire subir beaucoup de choses à votre compagnon s'il est de type influent. Cependant, si vous l'ignorez ou le désapprouvez trop fréquemment, il laissera exploser sa colère, puis se renfermera comme une huître. Il pourrait être amené à chercher l'appréciation et la valorisation chez une autre personne.

L'individu stable, quant à lui, peut supporter beaucoup de choses. Cependant, à force de voir ses sentiments rejetés, il peut se replier sur lui-même et mettre bien du temps à vous faire de nouveau confiance. Il pourrait aller chercher la compréhension, la valorisation et l'acceptation dans les bras d'une autre personne.

Observez avec quel genre de personnes vous êtes parfaitement à l'aise. Je ne saurais vous dire combien de fois j'ai entendu la phrase : « Ce que j'aime avec untel, c'est que ça va tout seul. » Il s'agit d'un atout essentiel à une bonne relation. Soyez attentif aux individus avec lesquels le contact et la discussion sont faciles. Si le courant ne passe pas, n'en concluez pas que c'est votre faute. Faites preuve de bienveillance si vous décidez que ça ne fonctionne pas, puis prenez vos distances. Si l'autre vous dit : « Je te trouve génial, mais je ne pense pas qu'on soit faits l'un pour l'autre », croyez-le sur parole et laissez-le partir. Il ne sert à rien de vous plier à ses attentes. L'amour ne se commande pas.

La découverte de votre personnalité vous mettra dans l'état d'esprit requis pour trouver votre opposé complémentaire. Toutefois, même à ce stade, vous n'aurez fait que la moitié du chemin. En effet, à partir de ce moment-là, vous devrez sortir, établir des contacts et passer du bon temps. Si vous rencontrez des difficultés, n'ayez crainte : je vous donnerai des tuyaux. La socialisation, c'est comme le vélo : plus on s'entraîne, plus c'est facile !

EXERCICE

Autoévaluation

Pour trouver votre opposé complémentaire, vous devez savoir ce qui vous séduit et vous met à l'aise. Cet exercice vous aidera à le découvrir.

Quel genre de personne suis-je ?
1er partie

Lisez chaque énoncé et complétez-le avec l'expression qui vous décrit le mieux. Suivez la première idée qui vous passe par la tête : ce sera sûrement la plus juste.

1. Vous avez un différend avec votre voisin. Vous...

   A) ... examinez de façon systématique chaque aspect du problème et étudiez les solutions éventuelles avant d'aller le voir.

   B) ... prenez rapidement une décision sur la façon de résoudre ce problème, puis vous allez voir votre voisin.

   C) ... en discutez d'abord avec vos amis, puis vous parlez à votre voisin pour connaître son point de vue.

   D) ... abordez votre voisin lorsque vous le croisez et vous évoquez le sujet en dédramatisant la situation. Ensuite, comme si de rien n'était, vous lui faites part de votre solution.

2. Vous trouvez un emploi qui vous contraint à déménager. Une fois que l'heure est venue de chercher un logement, vous...

   A) ... menez vos recherches sur Internet et dans les journaux locaux. Avant de vous rendre dans une agence immobilière, vous déterminez le loyer que vous pouvez payer. Vous visitez de nombreux appartements et, avant de vous décider, vous faites votre petite enquête sur les voisins.

   B) ... contactez une agence immobilière et visitez quelques appartements pendant la semaine. Si vous obtenez des réponses satisfaisantes à vos questions, vous remettez votre dossier au propriétaire.

   C) ... visitez des appartements jusqu'à ce que vous en ayez trouvé un qui vous convient. Il vous faut quelques mois pour effectuer ces démarches, mais votre patience finit par payer. Avant de laisser votre dossier au propriétaire, vous visitez le logement une deuxième fois, voire une troisième, avec un ami ou un membre de votre famille.

D) ... tentez de repérer les quartiers vivants, puis vous vous mettez en quête d'une agence immobilière qui vous plaît. Vous expliquez à votre agent que vous désirez visiter des appartements uniquement dans des quartiers sympathiques.

3. Vous aimez surtout...

A) ... avoir raison.

C) ... vous sentir accepté.

B) ... maîtriser les choses.

D) ... vous sentir admiré.

4. Par-dessus tout, vous essayez d'éviter...

A) ... d'être embarrassé.

C) ... de vous sentir rejeté.

B) ... de perdre les pédales.

D) ... de vous sentir ignoré.

5. Vous vous sentez parfaitement bien lorsque vous êtes avec une personne qui appuie...

A) ... vos opinions.

C) ... vos sentiments.

B) ... vos objectifs.

D) ... vos idées.

6. Vous décririez votre look comme...

A) ... traditionnel.

C) ... décontracté.

B) ... fonctionnel.

D) ... branché.

7. Vous détestez...

A) ... l'imprévisibilité.

C) ... l'insensibilité.

B) ... l'indécision.

D) ... la routine.

8. Lorsque vous prenez des décisions, elles sont généralement...

A) ... bien planifiées.

C) ... mûrement réfléchies.

B) ... finales.

D) ... spontanées.

9. Le mot qui vous décrit le mieux est...

A) ... parfait.

C) ... stable.

B) ... influent.

D) ... enthousiaste.

10. Vous vous sentez bien avec une personne qui vous donne l'impression d'être...

A) ... intelligent.   C) ... précieux.

B) ... puissant.   D) ... important.

2e partie

Cochez toutes les expressions qui vous correspondent. Dans une relation amoureuse, vous vous sentez bien lorsque votre partenaire vous donne l'impression d'être :

A	**B**	**C**	**D**
❑ Intelligent	❑ Puissant	❑ Précieux	❑ Important
❑ Raisonnable	❑ Courageux	❑ Prudent	❑ Comme un héros
❑ Astucieux	❑ Confiant	❑ Solide	❑ Jeune loup
❑ Habile	❑ Motivé	❑ Aimé	❑ Réputé
❑ Juste	❑ Fort	❑ Indispensable	❑ Persuasif
❑ Perspicace	❑ Attitude de champion	❑ Utile	❑ Expressif
❑ Avisé	❑ « Il s'est fait tout seul. »	❑ Engagé	❑ Populaire
❑ Pris au sérieux		❑ Aimable	❑ Influent
❑ Parfait		❑ Paisible	❑ Optimiste
		❑ Intéressant	

Notation

Comptez le nombre de réponses A, B, C et D dans la première partie, puis le nombre de mots cochés dans les colonnes A, B, C et D de la seconde partie. Additionnez-les et reportez les totaux ci-dessous.

A. _____   B. _____   C. _____   D. _____

Si vous avez répondu en majorité :

A. Vous êtes rationnel, engagé dans votre travail, introspectif et plutôt introverti. Vous êtes de type conforme.

B. Vous êtes rationnel, engagé dans votre travail, introspectif et plutôt extraverti. Vous êtes de type dominant.

C. Vous êtes émotif, tourné vers les autres, introspectif et plutôt introverti. Vous êtes de type stable.

D. Vous êtes émotif, tourné vers les autres et plutôt extraverti. Vous êtes de type influent.

Quelle personnalité complétera la mienne ?

Votre type de personnalité vous permet d'obtenir des indices sur vos besoins essentiels et sur votre opposé complémentaire.

A besoin de se sentir intelligent.*   **Conforme**

A besoin de se sentir puissant.*   **Dominant**

A besoin de se sentir précieux.*   **Stable**

A besoin de se sentir important.*   **Influent**

* ou toutes les variantes proposées dans les colonnes A, B, C et D de la page 56.

Cherchez une personne dont le type de personnalité diffère du vôtre, qui est semblable à vous sur beaucoup de points (valeurs, apparence, aspirations), mais qui complétera votre tempérament et saura comprendre vos besoins émotionnels.

3

Lancez-vous!

J e vous entends déjà dire : « Bon, la théorie, c'est facile. Cependant, comment trouver celui ou celle qui me complète et que je complète ? Même si je savais exactement ce que je cherche, ce n'est pas comme si je pouvais commander mon âme sœur à partir d'un catalogue ! »

C'est tout à fait juste : il n'existe pas de recette miracle permettant de tomber sur le grand amour. Je peux vous aider à séduire votre opposé complémentaire mais, pour que la magie opère, vous devez avant tout le trouver. Cette étape, vous la franchirez seul. À l'instar de tout processus de sélection, l'amour, c'est un peu comme la loterie : plus vous multipliez les rencontres, plus vous augmentez vos chances de tirer le bon numéro.

Bien sûr, vous pouvez demeurer passif, mais vous n'irez pas très loin ainsi. Dans le milieu des affaires, on dit qu'il faut sans cesse solliciter les clients, car ils ne viennent pas à vous d'eux-mêmes. Ce principe vaut aussi pour les relations amoureuses. Vous devez prendre le taureau par les cornes. Il ne s'agit pas seulement de sortir boire un verre avec des amis ou de vous aventurer occasionnellement en boîte ; il vous faut faire un véritable effort pour vous mêler à des gens dont les centres d'intérêt, les valeurs et les croyances correspondent aux vôtres. Si vous avez du mal à y arriver, ou si vos initiatives ne vous ont pas mené là où vous l'espériez, il est temps de vous créer un véritable programme de socialisation axé sur les activités, la variété et les rencontres.

L'art de la socialisation

Dans notre culture, nous passons la moitié de notre temps à laisser des messages, à parler au téléphone, les yeux rivés sur un écran de télévision ou d'ordinateur. Nos arrière-grands-parents n'avaient pas ce mode de vie : ils se retrouvaient pour discuter, se racontaient des histoires, s'échangeaient les derniers potins, s'écrivaient des lettres. Il leur arrivait même de marcher par plaisir ! Notre société est en train d'oublier l'art de la socialisation. Nous vivons pour travailler au lieu de travailler pour vivre, et nous n'avons plus une minute à consacrer à l'enrichissement de notre réseau social.

Ces changements sont fort regrettables, car l'évolution de l'espèce humaine a, en grande partie, été guidée par sa tendance à rechercher la compagnie d'autrui et à partager des expériences. Nous donnons un sens au monde et nous pimentons nos vies en nous extasiant devant un nouveau restaurant, en racontant nos souvenirs d'enfance, en parlant art ou politique, en débattant longuement sur des sujets d'actualité. Au fil du temps, la socialisation a pris une autre forme, en grande partie grâce aux avancées de la science et de la technologie. À une époque pas si lointaine, on se retrouvait dans les pubs, les cafés, les associations, les églises, à l'occasion de festivals ou de sorties culturelles… quand on n'invitait pas ses amis chez soi. De plus en plus, ce contact direct a été remplacé par les messages qu'on laisse, qu'on écoute et auxquels on répond.

Il n'existe qu'une façon de retrouver ces échanges enrichissants : en sortant et en provoquant une interaction avec autrui. C'est pourquoi je vous invite, au cours des prochaines semaines, à affûter vos talents sociaux et à cultiver vos amitiés, nouvelles comme anciennes.

Allez vers les autres

Le meilleur moyen de faire des rencontres est de passer par un cercle social déjà établi : amis, famille, collègues. Je sais que ces conseils ne sont pas révolutionnaires mais, parfois, il est fructueux d'insister sur des évidences. Faites vos premiers essais près de chez vous : vous augmenterez vos chances de rencontrer des individus qui partagent vos valeurs. Faites part à vos amis de votre intention d'élargir votre cercle de connaissances.

L'épanouissement de votre vie sociale doit devenir pour vous à la fois une priorité et un automatisme. Au cours de l'année qui vient, chaque semaine, consacrez une journée à des amis, à de simples connaissances ou à de nouveaux venus. Proposez-leur de sortir boire un café ou de passer chez vous. Inscrivez-vous à un groupe de rencontres ou à un organisme bénévole. Invitez des amis à se joindre à vous pour assister à un événement sportif, pour organiser un pique-nique, pour aller au musée, à un concert ou à un festival. Suggérez-leur de venir accompagnés. Ainsi, votre réseau s'étendra de façon exponentielle, et vous rencontrerez davantage de partenaires potentiels. Par ailleurs, vous passerez sûrement de très bons moments. Faites des projets dès maintenant, puis réalisez-les scrupuleusement. Les résultats vous surprendront.

2 règles simples

À l'âge de 55 ans, Georges a perdu sa femme, Patricia, à la suite d'une maladie. Ils avaient été meilleurs amis avant de tomber amoureux et, même s'ils avaient deux ou trois amis intimes, ils passaient la majeure partie de leur temps ensemble. Durant les mois qui ont suivi le décès, Georges a commencé à se sentir très seul. Un jour, il est venu assister à une de mes conférences et m'a entendu énoncer deux règles visant à dynamiser la vie sociale : consacrer une journée par semaine à des sorties et accepter toutes les invitations.

Georges m'a contacté par l'intermédiaire d'un ami et m'a raconté ce qui suit : « Le soir, après la conférence, j'ai croisé une jeune femme que je connaissais vaguement. C'était Michelle, la fille d'une copine de Patricia. Elle m'a demandé de mes nouvelles, puis m'a appris qu'elle participerait à l'organisation d'un festival de jazz le week-end suivant. Elle m'a proposé d'y venir. La rue serait fermée à la circulation, et des gens de tous les âges viendraient faire un tour. Son mari et elle seraient contents de m'y voir. Je l'ai remerciée. J'étais sincèrement touché par sa proposition, mais je n'avais aucune intention d'y aller. Cette femme avait à peu près la moitié de mon âge ; la situation me semblait incongrue. Un peu plus tard, en rentrant chez moi, j'ai repensé à son invitation, puis aux deux règles que j'avais apprises : consacrer du temps à ses loisirs et accepter les invitations. Tout à coup, je me suis dit : "Pourquoi pas ?" C'est là que tout a commencé. »

> Deux règles simples pour dynamiser la vie sociale : consacrer une journée par semaine à des sorties et accepter toutes les invitations.

Les jours suivants, Georges a appelé quelques amis pour leur suggérer de l'accompagner au festival. Quand la fin de semaine est arrivée, ils se sont tous retrouvés sur le site. « J'ai vraiment passé un bon moment. Nous sommes tombés sur Michelle et son mari, Patrick. Il faisait bon, la musique était excellente. Il s'en passe, des choses, quand on met le nez dehors ! »

Georges a décidé de sortir une fois par semaine, quoi qu'il arrive. Dans un premier temps, il a invité des amis, de la famille et des collègues chez lui, les encourageant à venir accompagnés. Plus on est de fous, plus on rit. Au début, il était un peu nerveux (c'est un piètre cuisinier) mais, comme il me l'a raconté par la suite, cette lacune s'est avérée un formidable atout. « Mes amis se sont passé le mot. À partir de là, chaque fois que je recevais des gens à souper, ils me proposaient leur aide, et la soirée commençait dans la cuisine. C'était encore plus convivial. Sinon, ils me disaient de venir manger chez eux à la place. Par la force des choses, j'ai été amené à rencontrer leurs amis. »

Georges a suivi les deux conseils qu'il avait appris à ma conférence : il acceptait toutes les invitations raisonnables qu'il recevait et sortait une fois par semaine. Un peu plus de deux ans après la mort de Patricia, il s'est remarié. « Si je m'attendais à ça ! m'a-t-il dit. J'ai rencontré tant de monde que ma vie a radicalement changé. »

Marianne, une femme au début de la vingtaine, est aussi un cas intéressant. Je n'oublierai jamais les premiers mots qu'elle a prononcés lorsqu'elle s'est présentée à un de mes ateliers, il y a plusieurs années : « Les salauds sont mon lot quotidien. Je n'arrive même plus à distinguer les hommes qui en valent la peine. » Depuis son enfance, elle ne supportait pas la solitude. « Je m'accrochais au premier venu, histoire de ne pas me retrouver toute seule. Les peines d'amour, je n'ai connu que ça. »

Elle vivait dans une maison, avec trois colocataires : un guitariste qui passait la plupart de son temps en tournée, la blonde de ce dernier, et un jeune étudiant en philo qui avait une liaison depuis deux ans avec une prof mariée. Même si chacun avait un espace séparé dans la demeure, l'environnement ne se prêtait pas aux soirées entre amis.

Peut-être par peur d'être seule, Marianne a mis sur pied son propre programme de socialisation. Au début, elle a dû faire preuve de créativité pour trouver un moyen de rencontrer des gens sans les inviter trop fréquemment chez elle. Elle est rapidement devenue une véritable « animatrice de groupe ».

« Des fois, j'appelais des amis ou des connaissances et je leur proposais de venir au cinéma avec moi. J'achetais les billets à l'avance pour qu'on ait le temps de boire un café avant le film. » Il lui arrivait aussi de contacter des copains pour leur suggérer d'aller voir un vernissage ou un marché aux puces. Parfois, elle réunissait des camarades, et ils allaient ensemble jouer aux quilles ou écouter des conférences dans des librairies. Elle a fini par connaître des dizaines de personnes. En assimilant le principe d'accomplissement de soi (voir le chapitre 2), elle a aussi appris à éviter les crétins et à se concentrer sur les hommes qui en valent la peine. Finalement, elle a rencontré son prince charmant : aujourd'hui, Marianne est mariée à un diplomate du ministère des Affaires étrangères, et elle a une vie bien remplie.

À ce stade, je veux encore une fois répéter les **2 règles** :

1. sortez avec des gens (ou invitez-en) une fois par semaine, en les encourageant à ne pas venir seuls ;

2. acceptez toutes les invitations raisonnables que vous recevez.

Inutile de chercher des activités sophistiquées. Exemple : « Tiens, des amis viennent manger à la maison vendredi soir. Chacun apportera quelque chose. Ça te dirait de passer et d'amener un ami ? J'ai envie de faire des rencontres. » Autre exemple : « Je rejoins des copains au cinéma jeudi. Veux-tu venir avec nous ? N'hésite pas à amener quelqu'un ! »

Engagez-vous

Si aller vers les autres n'est pas votre fort et si vous avez le sentiment d'avoir suffisamment exploité vos amis, explorez de nouveaux moyens de faire des rencontres. Plus vous participerez à des activités et plus vous fréquenterez des lieux variés, plus vite vous rencontrerez celui ou celle qui est là, dehors, à vous chercher. Inscrivez-vous à un cours, faites du bénévolat, joignez-vous à un comité, visitez des expositions ou des galeries d'art, accompagnez un ami quand il promène son chien, participez à des ateliers de cuisine ou à des cours de tango, faites du patin à roues alignées, assistez à des mariages, à des baptêmes…

Ne vous arrêtez pas en si bon chemin. Participez à temps partiel à une activité amusante : organisez des soirées mondaines, joignez-vous à un groupe de lecture, apprenez l'équitation, le banjo, le chinois et même les rudiments de la soudure, si ça vous dit ! Non seulement ces activités enrichiront votre vie, mais elles élargiront aussi votre réseau social.

Les rencontres sur Internet

En 1727, Helen Morrison, vieille fille de Manchester, en Angleterre, a fait paraître la première annonce matrimoniale de l'histoire dans un hebdomadaire local. En réponse, le maire l'a fait interner pendant un mois dans un asile d'aliénés. Avec le recul, on se rend compte que cette dame était une pionnière.

Exactement 240 ans plus tard, à quelques kilomètres de là, les Beatles ont enregistré *Sgt. Pepper's Lonely Hearts Club Band*. Un an auparavant, leur chanson *Eleanor Rigby* avait conscientisé la moitié de la planète au triste sort de Helen Morrison. Les Beatles aussi étaient des pionniers.

Encore un bond de 30 ans. Il y a à peine plus d'une décennie, l'explosion des services de rencontre en ligne a créé un moyen, pour les cœurs à prendre, d'attendre devant leur écran que l'amour pointe le bout de son nez. Dit de cette façon, la démarche a un côté pathétique, mais l'image de l'internaute assis seul devant son ordinateur n'est qu'une facette de ce mode de socialisation. En voici une autre : de nombreux couples heureux se sont rencontrés sur le Net. Ils ont établi le premier contact sur la Toile, puis se sont rencontrés dans le monde réel et sont tombés amoureux. Le Web est un outil qu'on utilise pour nouer des liens, de la même façon qu'on se sert d'amis, de groupes ou de cours pour rencontrer du monde. Ce premier contact facilite la rencontre en personne, durant laquelle les amoureux potentiels peuvent réellement en apprendre davantage sur l'autre.

Plus de 10 % des célibataires s'abonnent à des sites de rencontre, mais il ne faut pas se limiter à cette action : il y a lieu d'explorer d'autres méthodes.

Les gens qui se rencontrent sur Internet font partie de trois catégories principales, avec une multitude de variantes : les réalistes, les romantiques et les rois de la fuite. Les premiers se servent de ces sites pour se présenter et pour sélectionner les profils qui leur plaisent. Lorsqu'ils tombent sur un profil correspondant à leurs critères, ils organisent un rendez-vous, pour voir ce qu'il en est dans la réalité. Le processus est plus simple que la recherche d'un partenaire au cours une soirée. En effet, les premiers temps, l'engagement émotionnel est minime ; on éprouve surtout de la curiosité. Ce procédé est sain, terre à terre, et peut aider à dénicher la perle rare.

> Utilisez Internet comme un des nombreux moyens mis à votre disposition pour élargir votre cercle de connaissances.

La deuxième catégorie est celle des romantiques, qui tombent amoureux de leur correspondant avant même de l'avoir vu. Selon certaines études, les relations par courriel deviennent souvent beaucoup plus vite intimes que celles établies par le truchement d'échanges directs. La correspondance sur le Web séduit les internautes, qui partagent des confidences avant même d'avoir vu briller une étincelle ou une simple lueur dans les yeux de l'autre. Certains prennent le téléphone mais, fréquemment, les échanges par courriel durent plusieurs semaines, sans que les deux personnes concernées se parlent de vive voix. Puis, enfin, elles se rencontrent, pleines d'espoir. Laissez-moi vous dire une chose : il est fort possible qu'elles aient mis la charrue avant les bœufs. Souvent, leurs attentes sont devenues si grandes que la rencontre engendre de la déception.

Les rois de la fuite forment la troisième catégorie. Ils prennent l'initiative du contact, semblent s'engager profondément dans la relation, puis disparaissent du jour au lendemain. Bien sûr, on trouve aussi ce genre de phénomènes dans le contexte des rencontres en personne.

Les rencontres par Internet sont destinées à se développer, mais elles ne représentent qu'une option parmi d'autres. Voici quelques réflexions sur cet outil. Je passerai d'abord en revue les avantages et les inconvénients de ce genre de sites, puis je vous donnerai des conseils susceptibles de rendre vos recherches plus productives.

Les avantages

Tous les visiteurs des sites de rencontre cherchent un partenaire. Par conséquent, en utilisant cette méthode, vous vous débarrassez de l'incertitude inhérente aux situations dans lesquelles le statut marital ou l'orientation sexuelle ne sont pas faciles à deviner.

◎ En lisant attentivement les profils des internautes, vous pouvez sélectionner ceux dont les intérêts, l'âge, les valeurs et la religion sont congruents avec les vôtres. De même, lorsque vous envoyez votre profil, décrivez-vous avec honnêteté et soyez clair en ce qui concerne vos valeurs et vos intérêts ; vous aurez alors plus de chances qu'une personne compatible vous écrive.

◎ Généralement, une ou plusieurs photos accompagnent le profil. Comme les yeux sont le miroir de l'âme, cette association d'un visage avec un texte vous permettra de vous faire une idée plus nette de votre correspondant.

◎ Grâce à l'anonymat que procure le Web, vous pourrez, si vous êtes timide, aborder certains individus que vous n'oseriez pas approcher dans la réalité.

◎ Vous pouvez rencontrer des gens que vous ne croiseriez pas dans d'autres circonstances, étant donné que vos cercles sociaux ou professionnels ne chevauchent pas les leurs.

Les inconvénients

◎ Vous pourriez vous laisser prendre au jeu du flirt par messages inter-posés et devenir accro à Internet : c'est un outil facile à employer, un remède à court terme contre la solitude et l'ennui. Ce faisant, vous vous aveugleriez, car l'instinct de l'être humain ne s'appuie pas seu-lement sur les opinions communiquées. Il s'appuie aussi sur l'appa-rence, le langage corporel, les expressions du visage, le ton de la voix. Toutes ces subtilités se perdent lorsque vous communiquez par ordi-nateur, quels que soient les *smileys* employés. Bref, si vous ne dépassez pas la phase des courriels, Internet ne vous sera d'aucune utilité.

◎ Les rencontres sur le Web sont limitées, dans le sens où vous entrerez seulement en contact avec les internautes qui passent du temps sur ces sites. Cela exclut une bonne partie de la population, en particulier si vous avez plus de 40 ans.

Quelques conseils

Voici quelques règles pratiques destinées à ceux qui en sont à leurs pre-mières armes dans le domaine et à ceux qui ont déjà visité un site de rencontre sans obtenir les résultats escomptés.

1. Les sites ne respectent pas tous le même schéma : comme les bars ou les boîtes de nuit, ils cherchent à attirer différentes populations. Cer-tains sites, notamment match.com, visent un large public. D'autres, comme easyflirt.com, sont davantage tournés vers les aventures sexuelles que vers les relations durables. D'autres encore s'adressent à des groupes spécifiques, comme les gais et les lesbiennes, ou les baby-boomers vieillissants et les aînés actifs. Il existe aussi des sites donnant la possibilité de rencontrer des personnes de sa commu-nauté culturelle, tandis que d'autres s'attachent à trouver à leurs clients des partenaires en se fondant sur leur personnalité. Ce n'est là qu'un échantillon. Visitez divers sites pour trouver celui qui se rapproche le plus de vos centres d'intérêt, de votre style de vie, de

votre âge, et qui cible une clientèle correspondant à votre type de personnalité et à vos valeurs. Le **Guide Site Rencontres** (www.guide sitesrencontres.com) en répertorient un grand nombre. Au Québec, les deux sites les plus populaires sont RéseauContact et Lavalife[2].

Réunissant une communauté de plus de 1,2 million d'hommes et de femmes, **RéseauContact** est le plus grand site de rencontres au Québec. Selon un sondage Léger Marketing réalisé en janvier 2008, c'est le site préféré des célibataires québécois qui recherchent l'âme sœur en ligne. Toujours selon ce sondage, 85 % des utilisateurs trouvent que RéseauContact est le plus facile à utiliser et 71 %, que c'est le site qui inspire le plus confiance. Il offre entre autres l'option « Voir qui a vu ma fiche », qui vous donne la possibilité de connaître l'identité des membres qui vous ont rendu visite – toujours utile pour vérifier le degré d'intérêt d'un candidat. Il vous permet par ailleurs d'ajouter les numéros des membres qui vous intéressent dans l'onglet « Mes favoris », vous permettant de savoir s'ils sont en ligne ; le cas échéant, vous pouvez leur proposer une discussion dans les forums ou un chat avec Webcam.

Lavalife, lui, a été lancé à Toronto en 2001 et est l'un des principaux sites de rencontres du Canada, comptant plus de 7 millions de membres et 600 000 abonnés payants. Offrant trois environnements différents (rencontres, relation et intimité), ce site présente une caractéristique très intéressante : vous pouvez afficher d'autres photos ou clips, qui seront conservés « en coulisses », et c'est *vous* qui en contrôlez l'accès. Vous ne donnez donc pas accès à vos photos à tous les visiteurs. Si une personne s'intéresse suffisamment à vous pour vouloir accéder à vos autres photos, il doit *vous* demander la permission. À vous alors de jeter un coup d'œil à son profil et à sa photo avant de décider si vous lui accordez l'accès. Lavalife offre aussi un

---

2. Kearns, J. M., *Pourquoi l'homme idéal ne me trouve pas*, Les Éditions Transcontinental, Montréal, 2009.

service mobile très développé, grâce auquel les membres peuvent communiquer par téléphones cellulaires équipés de la messagerie texte ou du protocole WAP. Au Canada, le service coûte 0,50 $ par message envoyé, mais rien pour le message reçu. (Les frais sont portés au compte de votre cellulaire.)

Si vous n'avez pas rencontré de gens qui vous plaisent au bout de quelque temps, changez de site.

2. Assurez-vous que votre profil vous met en valeur. Vous voulez qu'il transmette la meilleure image possible de vous, alors prenez le temps nécessaire pour qu'il soit vivant et bien écrit. Consacrez aussi un moment au choix d'une bonne photo. Dans une étude lancée par le site de rencontre américain ThirdAgePersonals.com, on a posé la question suivante : « Lorsque vous consultez un profil, qu'est-ce qui vous donne envie de contacter l'internaute ? » Les hommes ont choisi comme atouts principaux : un joli sourire, un grand sens de l'humour, un visage ou un physique avenant. Les femmes, elles, ont opté pour un grand sens de l'humour et des goûts similaires en musique, en cinéma, en littérature. Les valeurs familiales et le joli sourire se partageaient la troisième place sur le podium. Interrogés sur ce qui les repoussait, les hommes comme les femmes ont sélectionné le mensonge, la négativité, le fait de passer trop de temps devant la télévision, ainsi que les aptitudes médiocres en grammaire et en orthographe. Concernant la photo, l'étude a révélé que le poids importait plus aux hommes qu'aux femmes, et qu'un look démodé ou une coupe de cheveux de mauvais goût repoussait davantage les femmes que les hommes.

3. Soyez honnête lorsque vous créez votre profil et gardez toujours votre radar antimensonge allumé en parcourant ceux des autres : beaucoup de gens m'ont dit que, lorsqu'ils rencontraient une personne avec qui ils avaient correspondu, ils se rendaient compte que celle-ci ne leur avait pas dit la vérité. Les hommes semblent être de plus grands

menteurs que les femmes. Une dame avec laquelle j'ai discuté avait passé plusieurs semaines à écrire à un homme qui prétendait avoir 40 ans. Cependant, quand ils se sont vus, elle s'est aperçue qu'il en avait au moins 60! Son explication? « Les femmes plus jeunes ne me répondent pas quand je donne mon âge réel. » Incroyable! Bref, en créant votre profil, résistez à l'envie d'enjoliver votre image. Contentez-vous de dire qui vous êtes et ce que vous attendez de la vie.

4. Ne vous laissez pas emporter par votre imagination: organisez une rencontre dès que vous pensez qu'une personne pourrait vous plaire. Les internautes s'envoient souvent des courriels pendant des semaines avant qu'un des deux ne suggère une rencontre en personne. Pendant cette période, ils peuvent se forger une image de l'autre très éloignée de la réalité. Comme je l'ai dit précédemment, l'attirance repose sur l'apparence, le langage du corps, les expressions du visage et le ton de la voix, et non sur une passion commune pour le cinéma ou la littérature. C'est pourquoi, quand vous faites la connaissance d'un internaute et que le charme opère, agissez tout de suite. Invitez votre correspondant à boire un verre ou un café, ou même à souper si le courant passe particulièrement bien. Pensez à la première règle citée plus haut: « Organisez un repas ou une sortie par semaine. »

   (Mise en garde: les rencontres sur Internet se font principalement avec des inconnus dont personne ne peut se porter garant. Il est donc prudent de prendre vos précautions, surtout si vous êtes une femme. Organisez votre premier rendez-vous dans un lieu public tel un café et attendez de bien connaître votre prétendant avant d'accepter qu'il vous raccompagne chez vous.)

5. Ne tombez pas dans le syndrome du magasinage: si vous trouvez 800 profils correspondant à vos critères, vous pourriez être tenté d'en glisser une bonne partie dans vos favoris… et de les laisser moisir là

éternellement. Ayez de l'audace : quand vous repérez le profil d'une personne que vous aimeriez rencontrer, écrivez-lui tout de suite. Pas la peine de faire un roman : laissez-la jeter un coup d'œil à votre profil pour compléter le tableau. N'oubliez pas : les internautes que vous contacterez ne vous répondront pas forcément tous, de la même façon que vous ne répondrez probablement pas à tous ceux qui vous solliciteront. Comme dans le monde réel, plus vous vous engagerez, plus vous courrez de chances de faire des rencontres.

6. Faites preuve de discrétion. Tant que vous n'en savez pas suffisamment sur votre correspondant, ne lui révélez ni votre vrai nom, ni votre numéro de téléphone, ni votre adresse.

Oui, mais...

Certains protesteront : « Je n'ai pas le temps, ce n'est pas dans mon tempérament de chercher la compagnie d'autrui, j'ai besoin d'encouragement, je ne rencontrerai jamais personne. » Pour moi, cela signifie : « Je suis plus doué pour me trouver des excuses que pour me lancer. »

Vous devrez surmonter ces obstacles psychologiques. Voici comment procéder, étape par étape.

Vous êtes trop timide

Ce que les gens craignent par-dessus tout, c'est de parler en public, de se lever et de s'exprimer devant un groupe d'inconnus. Le trac bloquerait des millions de personnes dans leur carrière. Quand on demande leur secret à ceux qui ont su le surmonter, ils répondent 9 fois sur 10 que la pratique fait toute la différence. Le même principe s'applique quand il s'agit d'établir un contact. Lancez-vous en prenant un minimum de risque au départ, puis en vous aventurant un peu plus loin chaque fois.

Exercez-vous avec vos amis, votre famille ou vos collègues. Demandez-leur de vous présenter un de leurs amis. Il n'est pas question de vous caser à tout prix, mais de rencontrer une personne qui vous aidera à aller vers les autres.

EXERCICE

Mon programme de socialisation

Prenez un moment pour réfléchir à vos activités sociales préférées.

❏ Soupers entre amis à la maison
❏ Soirées
❏ Repas décontractés
❏ Soupers fins
❏ Café avec des amis
❏ Événements sportifs
❏ Sports individuels ou à deux (golf, tennis, quilles, etc.)
❏ Sports d'équipe (football, basketball, volleyball, etc.)
❏ Randonnées, pique-niques, jardinage
❏ Spectacles de jazz, de rock, de blues, etc.
❏ Concerts de musique classique, opéra, ballet
❏ Théâtre
❏ Cinéma
❏ Festivals culturels ou musicaux, marchés aux puces
❏ Soirées dansantes
❏ Discothèques
❏ Bars ou pubs pour regarder des sports sur écran
❏ Bars à cocktails
❏ Autres : _____

Choisissez une activité de la liste qui vous permettrait d'organiser une sortie :

_____

_____

Qui souhaiteriez-vous inviter ?

_____

_____

Précisez la date et l'heure.

_____

_____

Comment lanceriez-vous vos invitations ? En personne ? Par téléphone ? Par courriel ? Par la poste ?

_____

_____

Quel jour voulez-vous organiser cette sortie ?

_____

Comptez-vous demander à vos invités d'amener des amis ? (Une seule réponse est possible : OUI !)

_____

Photocopiez votre programme de socialisation et collez-en des exemplaires sur le miroir de la salle de bains et sur la porte du frigo.

_____

Les individus introvertis recherchent souvent la compagnie de personnes extraverties et se demandent : « Pourquoi ne suis-je pas comme elles ? Pourquoi est-ce si dur pour moi d'aller vers les autres et de lancer une conversation ? » La réponse est : tout simplement parce que ce n'est pas dans leur tempérament. Pour ma part, je suis ouvert, j'ai tendance à me mêler aux autres et à discuter avec eux. Quant à ma femme Wendy, elle est introvertie : elle préfère engager la conversation avec une personne à la fois. Elle passe beaucoup plus volontiers une soirée à discuter avec deux ou trois amis de vrais sujets qu'à échanger en vitesse quelques mots avec une foule d'individus à un cocktail mondain. Vous vous considérez comme timide ? Faites-vous un ami à la fois et troquez votre étiquette de timide contre celles, moins réductrices, de prudent ou de réservé.

Pour faire de nouvelles rencontres dans une ambiance détendue, inscrivez-vous à un cours. Ainsi, vous serez naturellement amené à fréquenter un groupe.

Choisissez une activité à laquelle vous pouvez participer : cuisine, œnologie, apprentissage d'une langue étrangère... Vous pouvez également vous joindre à un organisme comme bénévole ; c'est une méthode particulièrement efficace si vous venez de vous installer dans une ville inconnue. Si vous êtes dans cette situation, profitez d'Internet : tapez le nom de votre ville ou de votre région et le mot « bénévole » dans un moteur de recherche, puis jetez un coup d'œil aux résultats. Il est presque certain que vous trouverez des dizaines de sites offrant des conseils dans le domaine qui vous intéresse.

> Choisissez une activité à laquelle vous pouvez participer plutôt que de rester assis à écouter une conférence.

Le manque de temps

D'accord, vous travaillez 10 heures par jour, sans compter les 45 minutes que vous passez dans les transports. Cheryl Richardson, auteure du livre *Reprenez votre vie en main : 52 façons concrètes et inspirantes d'améliorer votre vie une semaine à la fois,* recommande de vous réserver chaque jour des moments de « respiration » destinés à prendre du recul, à vous concentrer sur l'essentiel et à réévaluer vos priorités. Si vous lisez ce livre, une de ces dernières est sûrement de trouver le grand amour. Ne négligez pas cet aspect de votre vie ! Allouez-vous 15 minutes quotidiennes pour téléphoner ou écrire un courriel à des connaissances et pour faire des projets. Appelez un ami à l'heure du dîner. Chaque jour, quoi qu'il arrive, appliquez certains points de votre programme de socialisation, en mettant un point d'honneur à vous rapprocher de votre objectif.

Au début, il vous sera peut-être difficile de consacrer du temps à votre plan. Arrangez-vous pour le combiner avec vos autres obligations et priorités. Par exemple, si le sport compte beaucoup pour vous, proposez à vos amis de faire de l'exercice avec vous. Allez ensemble à un cours de yoga ou à la piscine, faites de la marche ou de la course à pied en petit groupe. Si vous devez vous dépêcher de rentrer après le boulot pour promener votre chien, transformez cette contrainte en avantage. Vous avez des amis ou des connaissances qui ont des chiens ? Eh bien, sortez avec eux. Si personne de votre entourage n'en a, allez promener votre animal dans des parcs. Vous ne resterez pas seul longtemps.

Vous passez de longues heures au boulot et vous n'êtes pas prêt à réduire la cadence ? Essayez d'intégrer des activités à vos pauses. Si vos amis travaillent à proximité de votre bureau, retrouvez-les pour le lunch. Vous travaillez dans un grand complexe ? Invitez vos collègues à dîner avec vous et suggérez-leur d'amener leurs propres confrères et consœurs. Si vous clavardez sur un site de rencontre et si votre correspondant travaille à proximité de votre bureau, proposez-lui de vous rencontrer à l'heure du lunch : c'est un excellent moyen de briser la glace. Enfin, si vos amis et vous n'avez pas l'énergie de préparer un souper après une dure journée, optez pour la formule du repas commun (chacun se charge d'une partie du menu) ou faites livrer des plats à domicile.

Vous passez vos fins de semaine à réfléchir à l'aménagement de votre maison ou de votre appartement ? Invitez vos amis à vous y aider en organisant des soirées consacrées à ce thème. Préparez le souper pour les décorateurs en herbe. De toute façon, vous n'avez certainement pas envie de poser du papier peint, de repeindre une pièce ou de nettoyer le grenier tout seul.

Si vous êtes déterminé à en finir avec la solitude, il est impératif que vous réserviez des plages de temps à l'élargissement de votre cercle social. Vous n'en êtes pas convaincu ? Posez-vous cette question : et si le manque de temps n'était rien d'autre qu'une fausse excuse ? Il est possible que vous ne vous sentiez pas à l'aise à l'idée d'aller vers les autres, et que le manque de temps soit un prétexte tout indiqué pour vous. Peut-être les gens vous intimident-ils. Ou bien, vous êtes fauché et cela vous gêne. Il est également possible que vous craigniez de ne pas suffisamment maîtriser les bonnes manières pour vous sentir dans votre élément.

Si vous vous reconnaissez dans une de ces propositions, soyez honnête envers vous-même et cherchez un moyen de surmonter vos difficultés. Allez sur Internet et tapez «bonnes manières» ou «couverts en argent»; vous trouverez plein d'astuces pour vous en sortir. Qui sait, peut-être que votre future moitié ne connaît pas très bien les subtilités en matière de fourchettes à salade et de fourchettes à dessert... Et si elle les connaît, elle pourrait bien se faire un plaisir de vous les enseigner.

Vous vivez dans un coin perdu

Même si vous êtes persuadé de connaître parfaitement un endroit et ceux qui y vivent, il y a toujours des découvertes à y faire. Wendy et moi vivons dans un petit village d'environ 200 habitants, à 8 kilomètres d'une localité qui en compte 2 000. Il se passe toujours quelque chose dans l'un ou dans l'autre : rencontres culturelles organisées par la mairie, lectures à la bibliothèque, soirées dansantes, barbecues, récitals de textes de Shakespeare, théâtre, groupes de lecture, école de ski, foire annuelle, visite des fermes de la région...

En fait, ma première intervention en public a eu lieu chez une jeune femme qui avait mis sur pied un club de cinéma présentant des films chaque mois. Ma fille et moi nous sommes rendus à son petit magasin et avons bavardé avec elle. J'ai évoqué l'écriture de mon premier livre, et elle m'a demandé s'il m'intéresserait de présenter ce projet à son club de cinéma à l'occasion du buffet qui précède la projection. J'ai accepté, et, comme convenu, j'ai passé 15 minutes à parler de mon projet au public. Cet exposé devant un parterre de cinéphiles m'a conduit à organiser un atelier, qui, lui, m'a amené à donner un séminaire dans la salle de réception d'un hôtel. Finalement, un an et demi plus tard, j'ai pu m'adresser à 1 600 personnes au cours d'une convention professionnelle nationale ! C'est ce qu'on appelle se constituer un réseau. De nos jours, la plupart des gens connaissent la marche à suivre. Il suffit de comprendre que ce principe s'applique aussi bien à la vie personnelle qu'à la vie professionnelle.

Les circonstances vont et viennent, les gens aussi, vous offrant en permanence des occasions d'étoffer votre réseau. Si vous croyez avoir épuisé toutes vos ressources, allez un peu plus loin de chez vous et de votre environnement habituel. Les sites de rencontre sur Internet permettent de sélectionner le nombre de kilomètres qui vous séparent des autres inscrits. Au lieu de 10, choisissez 100, voire 500 kilomètres. Vous pourriez même envisager de déménager. C'est ce qu'a fait Laura. Lisez le récit qui suit.

> « Là où je vis, c'est si petit que l'annuaire tient en une seule page : je connais tout le monde. »

Vous venez d'emménager

Vous vous êtes installé dans un endroit où vous ne connaissez personne ? Vous en avez, de la chance ! Il y a tant de monde à découvrir, tant de potentiel inexploité ! Prenez l'initiative et engagez-vous. Lisez les annonces du journal du coin, écoutez la radio locale, parlez aux gens dans les magasins, baladez-vous dans les environs et visitez les lieux qui vous semblent dignes d'intérêt.

À ce stade, je voudrais vous raconter l'histoire de Laura. Il y a un an, cette femme travaillait comme organisatrice de soirées à Boston et louait un appartement à 900 dollars par mois. Elle en dépensait au moins 100 chaque semaine en restaurants et en taxis. Sa vie était en constante effervescence, mais Laura avait le sentiment que tous les hommes qu'elle croisait étaient obsédés par leur travail et n'avaient pas une minute à lui consacrer.

Elle a décidé de changer radicalement de vie. À 28 ans, elle a démissionné, quitté son appartement, pris la route et posé ses valises dans le petit village de Two Helms. Elle l'avait traversé deux ou trois fois et était tombée sous le charme. Elle a loué un grand appartement remis à neuf dans une vieille maison de campagne, au bord d'un lac, à moins de cinq minutes à pied du centre-ville. Son loyer était deux fois moins élevé qu'en ville, et elle pouvait manger pendant une semaine avec ce qu'elle dépensait auparavant en un soir. Elle avait vue sur un joli jardin aux multiples recoins. Le village lui-même était comme un décor de cinéma. Ce déménagement n'en demeurait pas moins un acte de foi : Laura ne connaissait personne, et la colonne des offres d'emploi dans les hebdomadaires de la région dépassait rarement quelques lignes.

Laura était de nature assez réservée, mais elle s'est appliquée à se montrer conviviale avec les habitants qu'elle croisait, saluant les inconnus en souriant et se présentant aux vendeurs des magasins du village. « Bonjour, je suis Laura, disait-elle. Je viens d'emménager dans le coin. » Sa bonne humeur a fini par payer : elle a déniché un travail à mi-temps dans une petite librairie, Le Coin aux livres.

Au bout de quelques semaines, elle a trouvé un autre boulot à mi-temps dans la vente de pots de fleurs et de luminaires en métal. La Forge à fer est une boutique dont le propriétaire est un artiste spécialisé dans le travail des métaux. Laura trouvait sa nouvelle vie professionnelle beaucoup plus amusante et facile que celle qu'elle menait à Boston. De plus, elle lui laissait du temps pour d'autres activités. Elle s'est jointe au comité de restauration du théâtre et s'est mise à écrire une critique de livres pour le journal du village. Moins de deux mois après avoir changé de vie, elle s'était fait quelques amis et avait sympathisé avec plusieurs clients réguliers des deux boutiques, notamment Christina, une Autrichienne deux fois plus âgée qu'elle, qui détenait une ferme d'élevage de chevaux dans les collines au nord du village. Laura avait également des vues sur un jeune homme prénommé Marc, qui travaillait l'après-midi à la pharmacie de la ville.

Une femme peut-elle faire les premiers pas ?

Une femme peut-elle inviter un homme à sortir avec elle ? La réponse tradi-tionnelle est : non, c'est à l'homme de le faire. Cependant, dans la réalité, elle est plutôt : bien sûr que oui. Après tout, ça marche. J'ai rencontré plu-sieurs dizaines de couples où la femme avait fait les premiers pas. Résultat ? Des relations amoureuses heureuses, équilibrées et solides.

Comment abattre vos cartes pour mettre toutes les chances de votre côté ? En posant des questions indirectes et en tâtant le terrain. Avez-vous remar-qué que, si vous dites à quelqu'un : « Je me demande quelle heure il est », l'autre vous donne l'heure, même si vous ne lui avez pas posé la question directement ? Si vous lui dites : « Tu ne m'as jamais dit quel genre de films tu aimes », il vous parlera de ses préférences en matière de cinéma. Lorsque vous utilisez ce genre de langage, en particulier si celui de votre corps tra-duit l'attente d'une réponse (sourcils dressés, mains levées, inflexion as-cendante de la voix), votre interlocuteur a le désir de répondre à une question qui ne lui a pas été posée explicitement. Cette méthode a fait ses preuves. Elle fonctionne même par écrit.

Tina est chroniqueuse dans un grand journal. « J'ai rencontré James à un dîner d'affaires. C'était un jeudi, m'a-t-elle confié un soir. Nous avons parlé de tout et de rien pendant deux heures. J'ai trouvé ce moment très agréable. Je ne voulais pas en rester là. Le lendemain, je lui ai écrit un petit mot de re-merciement : "Merci pour ce charmant déjeuner. Je me suis beaucoup amu-sée et j'ai apprécié notre conversation. Je ne sais pas si tu es libre mais, si ça te tente, j'aimerais t'inviter à souper un de ces jours." Juste après avoir envoyé mon mot, j'ai voulu le récupérer, mais il était déjà parti.

J'ai passé la fin de semaine avec des amies, mais je n'arrivais pas à penser à autre chose. J'étais nerveuse. Pourtant, je ne voyais pas ce qui pourrait se passer de si terrible. Au pire, il ne me répondrait pas, ce qui reviendrait à un non et me vexerait un peu. Le lundi suivant, le téléphone a sonné : c'était lui. Quel soulagement ! Nous sommes allés manger ensemble le lendemain soir, et... Aujourd'hui, 15 ans ont passé, et James a toujours mon petit mot dans ses affaires. »

Un samedi soir, Christina est passée au Coin aux livres, juste au moment où Laura s'apprêtait à fermer boutique. Au même instant, Marc a traversé la rue pour s'engouffrer dans la boutique de l'antiquaire, située juste à côté. Voyant que Laura ne pouvait s'empêcher de suivre Marc des yeux derrière la vitrine, la prof d'équitation a esquissé un sourire.

– Je me trompe, ou ce jeune homme t'a tapé dans l'œil ?

– Euh… Il est séduisant, a répondu Laura en rougissant.

– Que comptes-tu faire à ce sujet ? a demandé Christina sans détour.

– Je… je ne sais pas, a répliqué Laura.

Heureusement pour la jeune femme, Christina maîtrisait la psychologie masculine aussi bien que le dressage de chevaux.

– Viens, a-t-elle dit en saisissant Laura par le bras. Allons en discuter.

Au pub du coin, elle s'est dirigée vers le bar.

– Va t'asseoir, je m'occupe des commandes. Une bière, ça te va ? a-t-elle demandé à Laura.

Celle-ci a acquiescé et est partie en quête d'une table tranquille. Christina l'a rejointe quelques minutes plus tard, deux pintes bien fraîches dans les mains, mais elle ne les a pas posées. Elle a désigné une autre table.

– Celle-là, c'est mieux.

Laura a pris ses affaires et a suivi son amie jusqu'à la table, qui se trouvait exactement au centre du pub.

– Tu veux te faire de nouveaux amis ? a demandé Christina à Laura.

– Bien sûr.

Christina s'est penchée vers elle.

— Règle numéro un : assieds-toi toujours au milieu d'un endroit où il y a du monde. C'est là que prennent place les gens populaires. Ainsi, tu te feras remarquer. C'est pareil dans les concours hippiques. Si tu veux que le jury te repère, positionne ton cheval au centre. À l'école d'Innsbruck, ma ville natale, on disait que ceux qui avaient les places situées au centre de la classe étaient les plus populaires. Alors, le maître nous demandait de changer régulièrement de place, pour que chaque élève ait la chance de s'asseoir au milieu. Et tu sais quoi ? À la fin de l'année, tout le monde était populaire. Bon, pour ce qui est de ce jeune homme… Dis-m'en plus sur lui.

> Il faut toujours vous asseoir au milieu d'un endroit où il y a du monde. C'est là que prennent place les gens populaires. Ainsi, vous vous ferez remarquer.

— J'aimerais bien, mais je ne connais que son nom. Je ne sais même pas s'il est célibataire.

— Il l'est. Son patron a mis ses chevaux en pension à la ferme, et il est drôlement bavard. Bon, tu lui as déjà parlé ?

— Je lui ai demandé conseil à la pharmacie, il y a quelques semaines. J'avais une conjonctivite.

Laura a pouffé, commençant à se sentir plus à l'aise.

— Si tu avais vu comme j'étais sexy, avec mes yeux de lapin !

— Il y a plus de deux mois que tu es ici. À mon avis, il est temps que tu organises ta première soirée, a conclu Christina en pianotant sur la table. Tu vas inviter Marc.

— Non, je ne peux pas, a répondu Laura en posant son verre.

– Mais oui. Tu trouveras une occasion de l'aborder et tu lui diras : « Je prépare une soirée pour fêter mes deux premiers mois à Two Helms. J'invite quelques personnes, et ça me ferait plaisir que tu viennes. » L'affaire sera dans le sac.

Christina s'est tue quelques instants.

– Ensuite, tu lui diras : « N'hésite pas à amener quelqu'un. » Au bout de quelques secondes, tu ajouteras : « Si ça te tente. »

– Je ne peux pas l'inviter comme ça, de but en blanc.

– Pourquoi pas ? Quand tu le verras, compte jusqu'à trois, puis passe à l'attaque. Si tu hésites, tu laisseras passer ta chance. Si tu as peur, ton cheval le sentira : il reculera, peut-être même refusera-t-il de sauter. C'est pareil dans les rapports humains. Tu dois appliquer la règle des trois secondes. Tous mes élèves la connaissent. Comme ça, tu ne perdras pas tes moyens. Souviens-toi : tu ne lui proposes pas un rendez-vous ; tu lui demandes simplement s'il veut rencontrer du monde. Il n'y a rien de plus normal. Ensuite, il viendra de lui-même là où tu as envie de le voir.

Elle s'est mise à tapoter son verre vide.

– Une autre bière ?

Laura a hésité. Christina a fait claquer sa langue comme si elle commandait à son cheval d'accélérer. Laura a levé les yeux.

– Oups ! Un, deux, trois, a-t-elle dit en comptant sur ses doigts. Oui, bonne idée !

Je suis certain que vous voulez connaître le fin mot de l'histoire. Laura a suivi les conseils de Christina et invité Marc à sa soirée, en lui proposant d'amener quelqu'un. Il est venu seul – signe qu'il s'intéressait à elle. Ils sont sortis ensemble quelque temps, mais ça n'a pas vraiment fonctionné. Cependant, Laura a fini par trouver sa moitié, le cousin de Marc, qu'elle n'aurait sans doute jamais rencontré si elle n'avait pas suivi la stratégie de Christina et la règle des trois secondes.

Si j'ai choisi de vous raconter cette anecdote, c'est pour vous montrer que, en toutes circonstances, il y a moyen d'aller vers les autres. Je vous invite à tirer profit de l'excellent conseil de Christina. Elle a enseigné à Laura comment inviter un homme sans le mettre aux abois… ce que la gent masculine supporte difficilement. Plutôt que d'agir trop directement (ce qui n'était pas dans sa nature de toute façon), Laura a simplement mis en place une situation dans laquelle Marc pouvait décider de la séduire s'il en avait envie.

EXERCICE

Ça devient sérieux

Une excellente façon de rencontrer des gens est de vous joindre à un groupe, à une équipe sportive, ou de suivre un cours consacré à une activité que vous aimez.

Étape 1 : Quels sont mes centres d'intérêt ?

❑ Sports : golf, ski, tennis, basketball, quilles, etc.

❑ Groupes de loisir : lecture, écriture, cinéma, jeux de société, philatélie, etc.

❑ Bénévolat, associations locales

❑ Cours : danse, musique, cuisine, langues, menuiserie, dégustation, fabrication de vitraux, etc.

❑ Sorties en groupe : randonnée, vélo, plongée sous-marine, pêche, etc.

❑ Réunions religieuses

❑ Associations politiques

❑ Autres : _____

Étape 2 : Activités que j'ai toujours voulu pratiquer :

_____

_____

Étape 3 : Où puis-je me renseigner pour savoir comment pratiquer cette activité ?

Feuilletez le journal local ou les Pages Jaunes, interrogez votre entourage, cherchez sur Internet les organismes qui existent près de chez vous. Notez ce que vous trouvez ci-dessous :

_____

_____

Étape 4 : Quel jour oserai-je me lancer dans l'aventure ?

_____

_____

_____

Il ne s'agit pas de rejet, mais de sélection

Une des raisons pour lesquelles les gens sont si mal à l'aise à l'idée d'aborder quelqu'un ou de l'inviter à sortir est la peur du rejet. Ce serait une erreur de voir les choses de cette façon. Dans votre quête du grand amour, vous passerez quelque temps à sortir avec des gens. Cette recherche étant hasardeuse, il est fort probable que vous fassiez l'expérience de ce que qu'on appelle souvent le rejet, et que vous le fassiez subir à d'autres. Ce phénomène est flagrant dans le contexte des rencontres sur Internet. Vous pouvez faire défiler des dizaines de profils avant d'en découvrir un qui vous interpelle. Bien sûr, l'inverse se produit aussi.

Sur un site comme RéseauContact, on indique combien d'internautes ont visionné votre profil. Imaginez que 130 personnes aient parcouru votre fiche, mais qu'aucune n'ait désiré vous contacter. Vous pourriez interpréter cela comme un cuisant échec… ou admettre, tout simplement, que vous ne convenez à aucun de ces individus-là.

Comme je l'ai dit précédemment, le rejet n'a rien de personnel ; il fait partie d'un processus naturel de sélection. Vous n'auriez pas l'idée d'entrer dans un magasin de meubles et d'acheter le premier canapé sur lequel vous tombez. Vous commenceriez votre recherche avec une idée de départ assez générale, puis vous passeriez un bon nombre de canapés en revue avant de trouver celui qui répond parfaitement à vos critères. La plupart des meubles que vous rejetteriez seraient tout à fait corrects et se marieraient à bien des salons… mais pas au vôtre. Ce processus de sélection s'applique à l'achat d'une voiture ou d'une maison, bref, à tout ce qui compte dans la vie. Par conséquent, il est absurde de croire que vous vivrez une histoire d'amour avec la première personne venue… à moins de faire partie des chanceux qui tombent sur l'âme sœur du premier coup.

La plupart des gens que vous rencontrerez ne seront pas faits pour vous, mais ils pourront devenir d'excellents amis. Comme dans l'histoire de Laura et de Marc, peut-être vous conduiront-ils à votre moitié. Soyez réceptif aux charmes des gens, sans pour autant oublier que très peu d'entre eux vous conviennent vraiment.

Un sentiment unique

Je suis sûr que vous vous êtes déjà dit, en apercevant un meuble ou un chandail dans une vitrine : « Tiens, c'est tout à fait moi. » Vous rappelez-vous ce qu'on ressent dans ces cas-là ? La même chose peut se produire en voyage ou quand vous croisez pour la première fois des gens qui deviendront de très grands amis : vous éprouvez une grande félicité et une quiétude agréable, car vous savez que le courant passera sans effort et que l'amitié durera longtemps. Allez-y, essayez de raviver cette sensation dans votre mémoire.

À l'inverse, vous avez sûrement déjà rencontré des gens qui vous ont mis mal à l'aise, même si vous n'avez pas réussi à expliquer pourquoi. Qui choisiriez-vous de fréquenter ? Qui rejetteriez-vous ? Lorsque vous croiserez votre opposé complémentaire, vous éprouverez des émotions particulières dès les premières secondes. Vous saurez que c'est lui. Vous ne pourrez simuler ces émotions, qui ne se manifesteront certainement pas en présence de n'importe qui.

Relisez lentement les deux derniers paragraphes. Fermez les yeux pour revivre pleinement ces situations. Prenez le temps de savourer ce qu'on éprouve quand on sait que quelque chose doit arriver. Vous comprendrez alors en quoi le rejet est un processus positif.

Acceptez le rejet

En fait, celui-ci n'est qu'une rectification de trajectoire. Au lieu de vous apitoyer sur votre sort, prenez un moment pour vous évaluer : « Qu'ai-je appris ? Que ferai-je différemment la prochaine fois ? » Si vous n'acceptez pas le rejet, vous serez incapable de briser le cercle vicieux suivant : agir, observer la réaction de l'autre, réagir sans réfléchir, inviter la mauvaise personne, être rejeté, broyer du noir.

Si vous êtes attiré par des personnes qui sont incompatibles avec vous, ce n'est pas parce que vous souffrez d'un grave problème psychologique ou qu'il vous manque une case ; c'est plutôt parce que vous ne prenez pas le temps d'étudier les raisons de vos échecs. Penchez-vous sur vos dernières ruptures et trouvez ce qu'elles ont en commun. Avec un peu de chance, vous repérerez la faille ; cette information vous aidera à détecter et à comprendre les signes annonciateurs s'ils se manifestent de nouveau. C'est ce qu'a fait Marianne, dont nous avons parlé précédemment : elle a compris qu'elle était tombée amoureuse de crétins pendant trop longtemps et qu'en raison de cela elle n'arrivait plus à reconnaître les types gentils. Une fois sortie de ce schéma stérile, elle a rencontré l'homme de sa vie et s'est affranchie de l'engrenage des échecs à répétition.

Quand vous commencerez à aller vers les autres, comment réagirez-vous au rejet ? Pour gérer correctement la situation, il vous faudra ajuster immédiatement votre attitude. Vous avez des vues sur quelqu'un, mais ce n'est pas réciproque ? Ce n'est pas une raison pour baisser les bras ou pour tomber dans la déprime. Interprétez cela comme un encouragement à aller de l'avant. Imaginons que vous êtes un cueilleur de pommes et que vous tombez sur un arbre sans fruit. Vous sentez-vous visé à titre personnel ? Êtes-vous blessé, offensé ? Bien sûr que non ! Vous vous dites que cet arbre est stérile et vous passez au suivant.

La plupart des gens useront de tact pour vous signifier qu'ils ne sont pas intéressés ; d'autres se montreront grossiers. Dans le cas de ces derniers, excusez-vous poliment et remerciez le ciel d'avoir pu cerner leur personnalité relativement vite. Idéalement, le processus de sélection-rejet devrait être indolore, mais vous recevrez probablement un ou deux coups durs. C'est normal : on sort rarement tout à fait indemne de ce genre de situation. Cependant, ne vous en faites pas trop ; considérez le sélection-rejet comme une étape de votre exploration, de votre voyage, de votre aventure.

Si vous comprenez le principe, vous saurez, lorsque vous sortirez avec quelqu'un et que le courant ne passera pas parfaitement, que personne n'est coupable. Vos personnalités ne se complètent pas, c'est tout. Profitez de l'instant présent, restez vous-même, demeurez poli et aimable. Au moment de quitter l'autre, remerciez-le, puis passez à autre chose… ou faites-en votre ami, car les amis élargissent le cercle social et embellissent la vie.

Vous êtes la clé

Tout repose sur vous. Si le cours des événements ne vous satisfait pas, vous seul avez l'autorité et la capacité de le modifier. C'est à vous de décider de la marche à suivre. En cas de succès, c'est vous qui empocherez la récompense.

Trois, deux, un… foncez. Le moment est venu de vous lancer. Allez-y en douceur si c'est dans votre nature, mais faites de votre vie sociale votre priorité absolue. Il vous faudra à peine un mois pour exceller dans l'art de vous mêler aux autres et de vous intégrer. Vous ne saurez même plus pourquoi vous avez tant attendu avant d'agir.

Partie II

Prêt ?

*Acquérez de l'aisance avec les autres.
Ainsi, quand vous rencontrerez
votre opposé complémentaire,
rien ne vous arrêtera.*

4

Comment faire une fabuleuse première impression ?

En quoi une star est-elle une star ? Je ne parle pas seulement des vedettes de la scène ou du cinéma. Je parle des gens que vous croisez à une fête ou dans un parc et qui retiennent votre regard un peu plus longtemps que les autres, de ceux que vous suivez des yeux en vous disant que ce doit être génial d'être en leur compagnie. Qu'est-ce qui vous attire tant chez eux ? Leur tenue, leur posture, leurs gestes ? Ou serait-ce le petit quelque chose d'indescriptible qu'ils dégagent ?

On dit souvent que c'est la première impression qui compte. C'est tout à fait vrai. Les gens vous jugent dès l'instant où ils posent les yeux sur vous. Ce n'est pas parce que vous ne les avez pas vus qu'eux ne vous ont pas remarqué. Nul besoin d'être une star, mais cela ne fait pas de mal d'avoir un petit quelque chose d'une vedette pour vous assurer que votre première impression sera gagnante. Dès l'instant où vous mettez les pieds dehors, vous devez être sûr de vous. C'est important car, au moment d'un premier contact, votre attitude et vos vêtements laissent une empreinte indélébile, même si vous n'avez pas encore ouvert la bouche.

Tout est question d'attitude

Alice, Denis et Nadia arrivent en même temps à un gala de charité qui se tient à l'hôtel Ritz-Carlton. Les organisateurs attendent au moins une trentaine de célébrités, 500 autres invités triés sur le volet et l'essaim habituel des médias locaux.

Tandis que ces trois personnes entrent dans la salle de bal, leur langage corporel résonne avec une certaine intensité… ou plutôt, devrais-je dire, avec trois intensités bien distinctes. De toute évidence, Alice a l'intention de passer une bonne soirée. Elle sourit, regarde partout autour d'elle et marche en se tenant bien droite. Son comportement est naturel et respire le bien-être. Elle ne regrette visiblement pas d'être là. Elle passe la foule en revue, remarque une amie et se fraie un chemin jusqu'à elle. Denis, de son côté, regarde autour de lui, sceptique; il donnerait apparemment n'importe quoi pour être ailleurs. Il a les mains dans les poches et semble penser: « Quelle bande de clowns !

> L'attitude de quelqu'un se remarque à 15 mètres.

Combien de temps devrai-je attendre pour avoir une chance de m'éclipser discrètement ? » Quant à Nadia, elle pénètre dans la salle avec un sourire crispé et s'arrête au bout de quelques pas. Elle relâche ses épaules, tâchant de se détendre; à sa façon d'examiner la salle, elle a tout l'air de chercher un recoin où se cacher.

En lisant, vous avez sans doute remarqué l'emploi d'expressions telles que « visiblement », « il, elle semble », etc. C'est exactement sur cela que se forge la première impression : l'apparence. Voyez comme les attitudes sont révélatrices : les trois personnes ne sont dans la pièce que depuis quelques secondes, mais des dizaines de paires d'yeux les ont déjà aperçues, et seule Alice a retenu leur attention. Elle fait bonne impression. L'attitude d'un individu se remarque à 15 mètres (c'est-à-dire à l'autre bout d'un wagon de métro ou au fond d'une boutique, par exemple) dès la seconde où il arrive quelque part.

Quand j'étais photographe, un vendredi par mois était consacré à la distribution artistique. Ces jours-là, avec mon équipe (et parfois quelques clients), nous faisions venir 30 ou 40 nouveaux mannequins, hommes et femmes. Chacun passait devant nous cinq minutes, le temps de se présenter et de nous montrer son portfolio. Cinq minutes, c'était déjà trop : cinq secondes auraient amplement suffi. Un visage faisait son apparition dans la pièce, et nous savions si le mannequin répondait à nos attentes.

Plus tard, en passant en revue la séance, nous ne parlions pas tant de caractéristiques individuelles que d'humeur ou d'attitude : « Jeanne avait le trac », « Marc en a fait un peu trop », « Dana avait un petit air agressif ». Dans ce milieu où la première impression est reine, vous pouvez être la créature la plus sublime de la terre mais, si vous n'avez pas la bonne attitude, vous ratez votre coup. Et l'attitude de quelqu'un se détermine en une fraction de seconde. Il s'agit d'un automatisme d'une simplicité enfantine qui compte tellement au moment du premier contact que mon assistant avait écrit sur une pancarte : « Quand vous passez cette porte, n'oubliez pas que votre attitude compte plus que tout. »

Les attitudes engageantes et repoussantes

Il existe deux catégories d'attitudes : les engageantes et les repoussantes. Quand on rencontre une personne qui semble heureuse, confiante et détendue, on a tendance à éprouver de l'attirance pour elle. Son attitude dit bonjour. L'inverse se vérifie avec les gens qui ont l'air arrogants, lugubres, stressés, en colère ou découragés. Personne n'a envie d'aller vers les individus négatifs car, tôt ou tard, ils sapent toute l'énergie de leur entourage. Leur attitude dit au revoir. Pour s'ouvrir aux autres, il faut bâillonner sa négativité et faire ressortir son aspect positif, car celui-ci permet de saisir les occasions.

Le bon côté de l'attitude est que vous pouvez l'adapter à loisir pour être aussi engageant que possible. Il suffit d'un peu de pratique. Pensez à un moment où vous vous êtes senti très bien. Peut-être avez-vous accompli une chose qui vous a rendu heureux ? Vous avez gagné un marathon ou fait une excellente intervention en public ? La lumière de la fin de l'après-midi vous met de bonne humeur ? Revivez ce moment dans votre esprit avec autant de précision que possible. Lorsqu'il sera très net, associez-le à un mot déclencheur pour que vous puissiez invoquer cette quiétude dès que vous en aurez besoin. Nombre d'acteurs, de personnalités de la télévision et de mannequins adoptent des mots ou de petites phrases de ce type, qui les aident à retrouver leur bonne humeur. Certains murmurent : « En piste ! » dès qu'ils se trouvent sous les projecteurs. Il leur faut moins d'une seconde pour afficher un sourire radieux. Ils passent littéralement en mode positif. Faites la même chose. L'exercice de la page 97 vous enseignera comment y arriver sans difficulté.

Les attitudes sont contagieuses

Vous vous êtes sûrement déjà retrouvé dans la situation suivante : quelqu'un raconte une blague à un groupe de personnes, l'une d'elles se met à rire spontanément, et les autres l'imitent. Pourtant, la farce n'a rien de drôle. Le même phénomène se produit avec la nervosité et la tristesse, car les êtres humains sont programmés pour s'inspirer des sentiments et des émotions des autres. C'est ce qui leur permet de s'adapter et de s'intégrer à leur environnement. Si je vous souris, vous aurez envie de me sourire. Si je vous regarde avec mépris, vous réagirez probablement de même. Je soupire ? Vous soupirerez. Je ris ? Vous rirez.

Les attitudes sont contagieuses. Il faut les voir comme des sentiments projetés par l'intermédiaire du langage corporel, du ton de la voix, des mots employés. Si vous êtes en colère, cela se voit : votre ton vous trahit, vos propos sont agressifs. Les autres se sentent alors mal à l'aise. À l'inverse, si vous êtes de bonne humeur, vous avez l'air heureux. Cela se ressent dans votre voix ; vous parlez d'un ton léger. Cette gaieté rayonne sur votre entourage. Il en va de même pour l'enthousiasme, la séduction, etc.

Cette contagion est à la fois positive et négative. L'inconvénient, c'est que le malheur apparent d'un individu peut miner le moral de toute personne se trouvant à proximité. À l'inverse, une attitude gaie peut déteindre sur les autres. Tout cela peut être bénéfique si vous vous servez de votre attitude pour influencer celle d'autrui. Restez positif : votre optimisme rejaillira sur les autres.

 ## Les pensées et les émotions : l'œuf ou la poule ?

Qu'est-ce qui vient en premier, la pensée ou l'émotion ? On en revient au dilemme de l'œuf et de la poule. En fait, aucune ne précède l'autre : elles sont entremêlées. Cela signifie que les pensées affectent les émotions. Par conséquent, en ayant du pouvoir sur les premières, vous pouvez influencer les secondes. La thérapie cognitive repose sur ce principe. À l'aide de cette méthode, on traite de manière efficace la dépression, le manque d'estime de soi, les troubles de l'alimentation et une foule d'autres maux.

Beaucoup de gens croient que leur attitude devant la vie dépend entièrement de ce qui leur arrive. Il pleut alors qu'ils espéraient du beau temps ? Ils sont agacés. Leur dîner est froid ? Ils sont irrités. Un ami devait les appeler et ne l'a pas fait ? Ils éprouvent du ressentiment. Bref, ils réagissent aux événements qui leur tombent dessus.

En réalité, il est en grande partie possible d'adopter un point de vue positif. Au fil des jours, lorsque vous captez ce qui se passe autour de vous, vous vous parlez inconsciemment de ce que vous voyez, entendez, touchez, sentez et goûtez. Pour certains, ce dialogue intérieur est une force, car ils arrivent à percevoir le bon côté des choses : « Oh, il pleut ! Les fleurs du jardin en avaient grand besoin ! » Pour d'autres, ce dialogue les enfonce encore plus profondément dans le marasme : « Il pleut... Quelle malchance ! Décidément, cette journée s'annonce mal. » Une fois que vous avez pris conscience du phénomène, vous pouvez moduler le ton de votre discours intérieur. Si vous vous surprenez à penser de façon négative, reprenez le dessus et adoptez un angle positif. Transformez : « Ah non, mes chaussures prennent l'eau ! » en « Enfin une bonne excuse pour m'acheter de nouveaux souliers ! »

Adoptez la bonne attitude !

Sans le bon comportement, il vous sera bien difficile de séduire votre opposé complémentaire. Pour obtenir les résultats escomptés, il vous faut penser, marcher, parler et agir en faisant ressortir la part la plus séduisante de votre personnalité. Dans vos bons jours, êtes-vous drôle et chaleureux, sexy et confiant, détendu et réconfortant ? Assurez-vous que ces bons côtés ne passent pas inaperçus, mais attention : le corps et l'esprit forment un tout. Vous ne pouvez maîtriser l'un sans maîtriser l'autre. Bien sûr, il est possible d'actionner vos zygomatiques sur commande mais, pour faire un sourire vraiment authentique, vous devez d'abord adopter la bonne attitude et le bon état d'esprit.

 Les actes pèsent plus lourd que les mots

Dans la communication en personne, nous donnons d'abord de la crédibilité à ce que nous voyons (gestuelle, langage du corps), puis à l'intonation (ton et volume de la voix) et, en dernier lieu, au fond du propos. Un fait scientifique illustre ce phénomène. En 1967, le Dr Albert Mehrabian, professeur à l'Université de Californie à Los Angeles, a publié une étude sur la communication directe intitulée *Le décodage de la communication incohérente*. Elle montre que 55 % de ce à quoi nous réagissons est visuel, que 38 % est auditif et que seulement 7 % concerne le sens des mots prononcés. D'après la démonstration du Dr Mehrabian, notre principal moyen de connexion avec autrui passe par les gestes physiques (posture, expressions du visage, mouvements) et les rythmes (vitesse de la respiration, bruit avec les mains et les pieds, hochements de tête).

Alors, que comptez-vous faire pour que votre attitude dise bonjour et non au revoir ? « Ce serait tellement simple de pouvoir adopter une attitude comme on enfile un t-shirt ! » vous dites-vous. Eh bien, c'est possible ! Je vous montrerai un peu plus loin comment procéder mais, pour commencer, je vous invite à répondre à ces **5 questions** :

1. Où placez-vous le lait dans le frigo ?

2. Quelle est votre chanson préférée ? Est-elle lente ou énergique ?

3. Que ressentez-vous au contact du sable ?

4. L'odeur du pain chaud est-elle la même que celle du pain tiède ?

5. Préférez-vous le goût du citron ou celui de la lime ?

Pour répondre à ces questions, il vous faut invoquer des renseignements qui ont été recueillis par vos sens dans le passé et qui sont emmagasinés dans un coin de votre mémoire. Pour localiser le lait, vous faites appel à une image mentale. Pour déterminer le rythme de votre chanson préférée, vous la faites jouer dans votre esprit. Vous laissez couler du sable entre vos doigts, vous flairez une miche de pain imaginaire et vous goûtez mentalement aux deux agrumes.

D'après les psychologues, le subconscient n'est pas capable de distinguer ce qui est réel de ce qui est produit par l'imagination de façon vivante et réaliste. Si vous vous imaginez en train de mordre dans une lime, vous saliverez vraiment. Au cours de l'exercice qui suit, je vous demanderai de visualiser quelque chose dans votre esprit. Ne vous attendez pas à voir immédiatement des images d'une netteté impeccable. Au début, elles seront aussi floues que celle du lait dans le frigo.

EXERCICE

Mettez-vous dans le bain

Choisissez parmi les attitudes suivantes : chaleureux, enjoué, sûr de soi, curieux.

Disons que vous avez opté pour sûr de soi. Fermez les yeux et repensez au moment précis où vous vous êtes senti le plus confiant (vous maîtrisiez parfaitement la situation et saviez exactement quoi faire). Revivez le plus en détail possible ce que vous avez vu, entendu, éprouvé, peut-être même senti ou goûté à ce moment-là.

Dans un premier temps, laissez la scène se dérouler devant vos yeux, comme si vous étiez au cinéma. Regardez autour de vous et observez minutieusement ce qui se passe. Tendez l'oreille au moindre bruit. Lorsque vous serez pleinement attentif aux éléments visuels et sonores, entrez dans le film. Vous voilà acteur. Accordez la même attention au premier plan, au second, à l'arrière-plan. Donnez à cette vision toute sa lumière, sa précision, ses couleurs. Évaluez les sons en détail. D'où viennent-ils ? Sont-ils doux, agressants ? Si les odeurs ou les goûts sont des constituants de votre image, donnez-leur vie aussi, pour que votre vision soit aussi complète que possible. Elle doit être plus vraie que nature.

À présent, attardez-vous aux sensations extérieures : la température de l'air, le frottement de vos vêtements contre votre peau, vos pieds, vos lunettes, votre ceinture. Explorez autant d'expériences sensorielles que possible.

Portez maintenant votre attention sur vos sensations intérieures. Quel est le siège de votre confiance ? Votre ventre ? Vos épaules ? Votre poitrine ? Évaluez votre posture. Vous tenez-vous bien droit ? Avez-vous la tête haute ?

Saisissez-vous de ces sensations et exagérez-les. Rendez-les plus grandes, plus fortes, plus éclatantes, plus intenses, puis multipliez-les par deux. Et encore une fois.

Lorsque l'image s'imposera à vous, criez « Super ! » trois fois dans votre tête. Puis recommencez : « Super ! Super ! Super ! » Et faites-le une troisième fois.

À présent, ouvrez les yeux et savourez vos sensations. L'exercice que vous venez de faire est d'une efficacité redoutable. Vous avez vraiment revécu un moment de bien-être. Chaque fois que vous aurez besoin de retrouver cet état, dites trois fois : « Super ! » Avant de fermer les yeux et de recommencer l'exercice, assurez-vous que vous avez mémorisé les **4 phases** :

1. « Visionnez » le film dans votre esprit.

2. Pénétrez dans le film afin de le voir, de l'entendre et de le ressentir de l'intérieur.

3. Décuplez les expériences sensorielles ainsi produites.

4. Dites trois fois le mot « Super ! » dans votre tête.

Qui se tient droit se sent bien !

Selon certaines études, la qualité la plus importante que nous recherchons chez un partenaire potentiel est la santé. Cela renvoie au désir d'être fécond et de procréer. Chez nos lointains ancêtres, les femmes recherchaient des chasseurs rusés, de vigoureux protecteurs, et les hommes, des génitrices qui leur donneraient des enfants en pleine forme. Comment pouvez-vous montrer que vous êtes en santé ? Par votre posture. Qui se tient droit a l'air en forme et robuste, prêt à affronter le monde. Votre posture fournit une multitude de renseignements sur votre bien-être physique et émotionnel, sur votre vitalité. Cette information se révèle en une fraction de seconde.

Tenez-vous droit : vous vous sentirez grand sur le plan émotionnel. Tentez de toucher le ciel avec le sommet de votre crâne et relâchez vos épaules en les orientant légèrement vers l'arrière. Vous serez invincible. De la même façon que les pensées et les émotions s'influencent mutuellement, le corps et l'esprit sont en liaison constante. Si vous êtes triste, vous aurez tendance à vous affaler sur votre siège, tête inclinée, bouche affaissée. Si vous êtes gai, vous marcherez la tête haute, avec un sourire radieux.

L'inverse se vérifie aussi : l'attitude physique a des effets sur l'humeur. Comment éprouver de la joie quand vous êtes replié, la mine renfrognée ? Comment vous sentir triste quand vous faites des bonds en souriant à pleines dents ? Si vous adoptez une posture droite et fière, votre corps générera de la confiance, et vous aurez un plus grand pouvoir d'attraction. Laissez votre posture s'occuper de votre force d'attraction sexuelle.

Si vous voulez effectuer des exercices avancés sur l'allure et la posture, je vous conseille de suivre des cours de danse. Cet art a d'innombrables avantages. Il accroît la résistance, la grâce et le sens du rythme. De plus, la danse améliore considérablement le maintien et vous permet de mieux connaître votre corps. Cerise sur le gâteau : elle donne confiance en soi… et pas seulement sur la piste.

Faites une première impression super!

Pour cela, il vous faut d'abord déterminer l'attitude ou le comportement général que vous voulez mettre de l'avant quand vous rencontrez un inconnu. Terminez les phrases suivantes.

• Ce que je voudrais que tout le monde voie, c'est... _____

_____

• Pour moi, la bonne attitude ou le bon comportement est... _____

_____

• Pour penser, marcher, parler et agir selon les attitudes que j'ai choisies, j'utiliserai ce souvenir déclencheur : _____

_____

Attention, on vous surveille !

Ça y est, vous avez la bonne attitude et vous vous tenez bien droit. Êtes-vous prêt à partir en quête de l'âme sœur ? Il ne reste qu'une chose à vérifier : comment êtes-vous habillé ?

EXERCICE

Une bonne dose d'allure, une pincée de rythme et une touche de maintien

L'allure est le fait de se mouvoir avec grâce et assurance. Attention, cependant, de ne pas confondre assurance et arrogance : tout est question de posture et de rythme. Si vous êtes sexy et séduisant, les gens se retourneront sur votre passage. Vous dégagerez une véritable aura en arrivant quelque part. Pour obtenir ce résultat, il vous faut d'abord adopter une excellente posture. Prenez quelques minutes pour faire l'exercice suivant, puis pratiquez-le régulièrement. Avant même de vous en rendre compte, vous aurez belle allure.

Les écoles de mannequins pratiquent cet exercice depuis des années. Tous les élèves, garçons et filles confondus, s'y entraînent dès leur premier jour de cours. Il est simple et efficace.

1. Placez un dictionnaire sur votre tête.

2. Marchez dans la pièce. Il vous faudra environ 10 minutes pour vous habituer à la position et trouver votre équilibre.

3. Sortez de la pièce et entrez-y de nouveau, en ouvrant et en fermant la porte derrière vous.

4. Le dictionnaire toujours en place, montez et descendez un escalier.

5. Asseyez-vous, comptez jusqu'à cinq, puis levez-vous. Allez vers une autre chaise et recommencez.

6. Faites une pause à chaque étape. Fermez les yeux et concentrez-vous sur votre posture, vos sensations, la position de vos épaules, de vos hanches et de vos pieds. Voyez comme vous êtes calme et comme votre posture est gracieuse.

7. Voici la phase ultime : buvez une tasse de thé ou de café en portant toujours le dictionnaire sur votre tête et promettez-vous qu'à partir de maintenant, chaque fois que vous verrez ou boirez une tasse de thé ou de café, vous imaginerez ce gros livre sur votre tête et ajusterez votre posture et votre rythme en conséquence.

Mettez le dictionnaire de côté et entraînez-vous à vous déplacer avec grâce et aisance en toutes circonstances : en promenant votre chien, lorsque vous êtes coincé dans un embouteillage, quand vous faites la queue ou même devant la télévision.

Si les gens remarquent d'abord l'attitude, ils notent ensuite la tenue vestimentaire. En fait, l'effet de cette dernière est si instantané qu'en général les deux éléments combinés forment la première impression. Vos vêtements parlent pour vous. Ils disent quel genre de personne vous êtes. Ils en révèlent aussi beaucoup sur votre statut socio-économique, sur votre personnalité (exubérante ou conformiste, moderne ou traditionnelle, sexy ou réservée). Passez votre garde-robe en revue : transmet-elle le bon message ? Nombre de gens se laissent guider par l'habitude et mettent ce qu'ils ont toujours porté. Cependant, êtes-vous sûr que votre style d'il y a 15 ans est toujours d'actualité ?

Coco Chanel a dit un jour : « Habillez-vous pauvrement, on remarquera vos vêtements ; habillez-vous bien, on vous remarquera. » Posez-vous les questions suivantes : « Qu'est-ce que je cherche à communiquer aux autres par mes choix vestimentaires ? Quel aspect de ma personnalité aimerais-je souligner ? Ma garde-robe actuelle fait-elle l'affaire ? » Tenez compte de vos particularités physiques en vous assurant qu'elles sont compatibles avec l'image que vous désirez véhiculer.

Prenez l'habitude de bien vous présenter lorsque vous sortez. Je ne parle pas d'avoir une coiffure impeccable, un maquillage parfait ou de porter les tenues les plus à la mode. Ce qui compte, c'est de vous habiller de manière à vous sentir séduisant. Ainsi, si vous croisez une vieille connaissance, vous serez à votre avantage. Vous laissez sans cesse des premières impressions et vous ne savez jamais sur qui vous pouvez tomber.

La tenue vestimentaire influence les comportements et les attitudes. Retenez l'essentiel : mieux vous vous habillez, plus on vous prend au sérieux. Cela dit, assurez-vous que vous êtes à l'aise dans vos vêtements et qu'ils expriment votre vraie personnalité tout en vous mettant le plus en valeur possible. Si vous adoptez un look ultratendance mais que cela vous paraît artificiel, continuez les essais jusqu'à ce que vous ayez déniché des vêtements qui constituent pour vous une véritable seconde peau.

> Quand vous mettez des tenues attrayantes et confortables, vous portez un regard différent sur vous-même. Les autres aussi vous considèrent d'une autre façon.

Rappelez-vous : votre malaise est aussi visible que les vêtements que vous portez. Quand vous mettez des tenues attrayantes et confortables, vous portez un regard différent sur vous-même. Les autres aussi vous considèrent d'une autre façon.

Par ailleurs, gardez en tête que votre choix vestimentaire doit être adapté à la personne que vous voulez séduire. Si vous cherchez à impressionner une femme qui porte des lunettes branchées et qui est au volant de la toute dernière Mercedes, vous ne lui ferez probablement pas d'effet en enfilant un jean troué et des bottes de motard. En revanche, si vous êtes épris d'un guide de réserve naturelle, cette tenue pourrait jouer en votre faveur.

Les 7 clés d'une bonne tenue

L'habillement est, à mon avis, une question bien trop personnelle pour que je m'aventure à donner des conseils adaptés à tous. Néanmoins, les sept points clés suivants, fondés sur ce que j'ai appris durant mes années comme photographe de mode, vous aideront à choisir des tenues vraiment faites pour vous. Il n'y a rien de radicalement nouveau dans ces conseils, mais ils ont été testés et approuvés, et je peux vous garantir qu'ils fonctionnent. Par-dessus tout, rappelez-vous la règle d'or : de la simplicité avant tout… et attention à la propreté !

1. Portez des vêtements à votre taille

Beaucoup de gens mettent des vêtements qui ne leur vont pas tout à fait : ils sont un peu trop grands, un peu trop serrés, un peu trop courts… Les tenues bien ajustées font toute la différence. Adoptez des vêtements qui épousent les formes de votre corps et qui sont à votre taille. Que vous les choisissiez amples ou serrés importe peu : ce qui compte, c'est qu'ils vous aillent bien. Si vous n'en êtes pas sûr, demandez leur avis à des amis. Quand vous magasinez, interrogez les vendeuses. Une veste bien taillée et de bonne longueur est un must pour toute garde-robe qui se respecte. Soyez honnête avec vous-même. Si vous avez besoin d'aide, consultez un bon tailleur ou une bonne couturière.

Comment déchiffrer les signaux

Si vos vêtements en disent beaucoup sur vous, ce que les autres portent peut aussi être instructif. Apprenez à déchiffrer les signaux : par exemple, selon leur type de personnalité, les gens se sentent plus à l'aise dans certains vêtements que dans d'autres. Les dominants, qui cherchent à maîtriser leur environnement, penchent pour les vêtements taillés sur mesure. Les personnes de type conforme préfèrent en général le look conservateur, un peu formel. Les influents, eux, optent pour des tenues plus stylées et expressives, tandis que les individus de type stable se sentent à l'aise dans des vêtements décontractés.

2. Ne négligez pas les accessoires

S'ils sont bien choisis, ils apporteront un petit quelque chose à votre tenue. Vous n'avez pas beaucoup d'argent à consacrer à vos vêtements ? Misez sur les accessoires. Magasinez des ceintures, des souliers, des sacs, des foulards.

Un seul mot d'ordre : n'en faites pas trop. Le but n'est pas de distraire vos observateurs. Optez pour un ou deux articles. Il en va de même pour les bijoux. Dans le cas des hommes, une montre de bon goût suffit. Quant aux femmes, elles peuvent se procurer un collier simple et des boucles d'oreilles bien coordonnées. N'oubliez pas que votre objectif principal est de marquer les esprits par votre conversation, pas par votre look.

3. Suivez les tendances, mais pas trop

Le fait de suivre la mode pour avoir l'air jeune n'a pas que des aspects positifs. En effet, vous devez sans cesse vous ajuster au goût du jour, ce qui peut coûter cher. Bref, même si vous voulez porter des vêtements à la dernière mode, évitez les engouements hâtifs. Vous pouvez aussi choisir de vous en tenir à des vêtements classiques ou de combiner ces derniers avec des tenues plus modernes : cela vous évitera d'avoir à changer toute votre garde-robe chaque saison.

4. Visez le bon dosage

Assurez-vous que vos vêtements sont bien assortis, que les tissus, les couleurs et les styles s'accordent, qu'ils se mêlent avec harmonie et qu'ils sont de même style (décontracté, plus habillé, etc.). Attention aux accessoires : une ceinture ou des souliers de style trop décontracté peuvent gâcher une tenue qui, sans eux, aurait été parfaite. Le but est d'attirer l'œil, pas de distraire. Si vous doutez de votre look, demandez de l'aide. Vous trouverez des conseils dans n'importe quel magasin de vêtements digne de ce nom.

5. Habillez-vous pour les grandes occasions

Si vous avez du mal à décider quoi porter, suivez cette règle : mieux vaut être un peu trop bien habillé que pas assez. Optez pour une tenue que vous pouvez agrémenter d'un bijou, d'un foulard ou d'une veste plus chic. Le mieux est de déterminer à l'avance quels vêtements sont les plus adaptés à la circonstance. Appelez votre hôte ou, si vous allez au restaurant, passez devant l'établissement avant le jour J pour jeter un œil aux tenues des clients.

6. Débusquez l'ennemi public numéro un : la tache !

Ce point, qui vous semble peut-être évident, est d'une importance cruciale. Inspectez vos vêtements pour vérifier qu'ils sont exempts de taches. Vous ne vous êtes peut-être pas rendu compte que vous avez trempé le coude de votre chandail dans la mousse au chocolat, qu'une goutte de café est tombée sur votre pantalon ou que votre chemise blanche n'est plus si blanche sous les bras... Inspectez également vos chaussures : assurez-vous qu'elles sont propres et bien cirées.

7. Faites le tour du propriétaire...

Vérifiez que vos cheveux sont bien peignés et que vos ongles sont propres et manucurés. Vous ne voulez pas qu'une petite amie potentielle garde les yeux rivés sur vos ongles crasseux ou rongés pendant que vous parlez. Inspectez votre hygiène buccale : rien n'est plus repoussant qu'une haleine de vieux choux ou de fumée. Soyez impeccable, sans toutefois abuser du parfum ou de l'après-rasage. Et sachez qu'en général l'odorat des femmes est plus développé que celui des hommes.

Soignez votre look

Si vous pensez que votre style a besoin d'un petit coup de fouet, observez celui des autres pour y puiser de l'inspiration. Étudiez ce que portent les gens, en vous attachant particulièrement à ceux dont le style vous plaît. Parcourez les catalogues et les revues de mode, faites du lèche-vitrines et fouillez dans les rayons des magasins. Essayez de remarquer quels sont les gens qui attirent les regards. Que portent-ils ?

Choisissez des vêtements dans lesquels vous vous sentez à l'aise, mais qui vous mettent également en valeur. Certains optent pour des vêtements grâce auxquels ils peuvent se fondre dans la masse. Il n'y a aucun mal à cela, mais rien ne vous interdit d'agrémenter votre tenue d'une touche de style qui exprimera votre personnalité et vous donnera envie de vous montrer plus audacieux. Un accessoire intéressant peut aussi être un bon sujet de conversation. Par exemple, ma femme porte des lunettes de lecture peintes à la main : les gens ne manquent pas de l'interroger à leur sujet.

Vous ne vous sentez pas sûr de vous et vous avez besoin d'aide ? Faites-vous aiguiller ou demandez l'avis des vendeurs. Posez-leur des questions, à tous s'il le faut ! Ces gens sont là pour vous aider à définir votre look. Informez-les correctement en leur donnant une idée juste de votre personnalité. Un look de cadre dynamique peut certes vous donner l'air énergique quand vous vous regardez dans le miroir mais, si vous travaillez dans l'élevage bovin, cela finira par se retourner contre vous.

Que voient les autres ?

Concentrez-vous sur votre apparence et sur les vêtements que vous portez, puis pensez à l'image et à l'attitude que vous voudriez projeter. En vous posant les **4 questions** qui suivent, vous déterminerez plus facilement quelle image est véhiculée par tel ou tel look.

1. Quel est l'aspect de ma personnalité que je veux le plus afficher ?

2. Qu'est-ce que je désire communiquer aux autres par mon apparence ?

3. À quels changements dois-je procéder pour y parvenir ?

4. Quelles sont les premières étapes à franchir pour atteindre cet objectif ?

Mettez-y du vôtre !

Dans le monde de la pub, la première exposition d'un produit doit laisser une impression excellente. Les publicitaires paient des fortunes pour mettre leurs articles sur le marché, dans l'espoir que leurs tondeuses à moteur turbochargé ou leurs rouges à lèvres au goût de fraise attireront les consommateurs. Ils savent qu'une bonne première impression est souvent ce qui distingue le succès de l'échec.

La première impression que les gens auront de vous ne sera pas déterminée par des messages télévisés, des magazines de luxe ou des témoignages dithyrambiques, mais par votre attitude, votre allure et votre garde-robe. Améliorez ces aspects, et vous optimiserez vos chances sur le marché de l'amour tout en gagnant de l'assurance. Si vous êtes à l'aise, tout changera : vous prendrez de meilleures décisions, vous aurez plus d'énergie et d'enthousiasme. Tout cela influera sur les signaux non verbaux que vous enverrez aux autres. Si vous passez maître à ce jeu-là, les autres auront envie de jouer avec vous.

5

Enchanté!
Comment allez-vous?

Certaines études menées par l'École médicale de Harvard et d'autres institutions renommées avancent que nous décidons si nous aimons quelqu'un au cours des deux premières secondes de la rencontre. Nous évaluons inconsciemment les signaux corporels de l'individu en nous fondant sur le principe de la sécurité physique et émotionnelle : « Je te fais (ou ne te fais pas) confiance. » Ces évaluations nous conduisent à forger des jugements hâtifs sur les autres. Si nous les apprécions, nous avons tendance à remarquer ce qu'ils ont de mieux; dans le cas inverse, nous ne voyons que leurs pires côtés.

Certains comportements rendent les gens à l'aise ou, au contraire, méfiants. Par conséquent, il est possible d'influencer l'impression d'autrui au cours d'une rencontre initiale. Les individus engageants vous regardent dans les yeux dès les premiers instants; les « angoissants », eux, évitent tout contact visuel ou vous regardent si furtivement qu'ils ont l'air louche et vous mettent mal à l'aise. Les premiers sourient à l'approche d'autrui; ils ont un langage corporel ouvert et accueillant. Quant aux seconds, ils gardent leur sérieux et emploient un ton déroutant; leur corps est fermé et dit : « N'approchez pas ! »

Utilisez votre langage corporel pour inspirer confiance

Permettez-moi de vous raconter une scène qui s'est déroulée l'hiver dernier, dans une station de ski de ma région. Les protagonistes sont Michelle, une amie de ma fille cadette, et Matthieu, un habitué de la station. La jeune femme travaille au magasin de ski ; le jeune homme est un client régulier qui a le béguin pour elle. Il est presque sûr que l'attirance est réciproque. Voulant tenter sa chance, il se dit qu'il peut forcer le destin en s'inscrivant à une leçon de surf des neiges. Examinons l'évolution du langage corporel des deux individus.

Matthieu s'assoit face à Michelle, à une petite table ronde autour de laquelle sont disposées deux chaises. Pendant que la jeune fille prépare les papiers d'inscription, le skieur raidit les épaules, se mordille la lèvre, passe sa langue sur sa lèvre inférieure et fixe le sol, regardant Michelle à la dérobée.

Michelle organise ses papiers et fait face à Matthieu, les coudes sur les accoudoirs du fauteuil, les avant-bras légèrement décroisés sur la table devant elle. Elle le regarde de temps en temps dans les yeux et sourit, tout en passant en revue l'équipement nécessaire pour les leçons et en notant les réponses de Matthieu. Ce dernier relâche les épaules et croise les bras sur sa poitrine. Il balaie la pièce du regard et évite les yeux de Michelle.

Elle continue d'expliquer les clauses du contrat. Matthieu pose son coude droit sur la table, pivotant sur son siège de façon que son corps soit positionné vers la gauche, à l'opposé de la jeune femme.

Il lui jette des coups d'œil de biais et détourne fréquemment le regard. Elle oriente instinctivement son corps de la même manière que lui puis, avec un geste très naturel, elle pose son bras gauche sur la table. Ainsi, elle lui renvoie un reflet parfait, comme s'il s'observait dans un miroir.

Matthieu semble se détendre et être plus attentif à la jeune femme. Elle s'enfonce dans son siège et se tourne vers le skieur pour lui faire face. Il l'imite, mais cale sa main droite sous son aisselle gauche et couvre sa bouche de sa main gauche. Néanmoins, il la regarde maintenant ouvertement, en souriant timidement. Au bout d'un moment, Michelle prend la même position que Matthieu, se penche vers lui et lui dit, de sa voix enthousiaste, calme et claire : « Le cours commence samedi prochain, à 9 h. » Elle décroise les bras et les pose de nouveau sur la table. Matthieu fait de même et lui sourit : « Après toutes ces années de ski intensif, pensez-vous que je m'en sortirai en surf ? »

Leurs yeux se croisent. Ils sourient tous les deux. « Bien sûr, répond-elle. Je suis certaine que vous y prendrez beaucoup de plaisir. »

Que s'est-il passé ?

Beaucoup de phénomènes se sont produits au cours de cette scène. Nous en aborderons certains dans le prochain chapitre. Pour résumer, disons que, pendant les premiers instants, Matthieu s'est montré angoissant ; son langage corporel était fermé. Quant à Michelle, elle était engageante, et son langage corporel, ouvert. Cette ouverture a désarmé le jeune homme et l'a invité à se détendre.

Michelle a adopté **3 comportements** qui sont essentiels lorsqu'on rencontre un partenaire potentiel ou une personne avec laquelle on souhaite avoir une relation productive :

>   1. elle a regardé Matthieu dans les yeux ;

>   2. elle lui a souri ;

>   3. elle a adopté un langage corporel ouvert.

Analysons ces comportements.

Les yeux sont le miroir de l'âme

Que ressentez-vous quand vous entrez dans un magasin et que le vendeur vous ignore comme si vous étiez transparent ? Qu'éprouvez-vous quand vous faites une rencontre et que la personne semble fixer un point derrière vous ? La réponse est simple : vous vous sentez humilié et vous vous faites probablement une impression négative de l'individu. Cette réaction est liée au fait que, en l'absence de contact visuel, la confiance et le respect ne peuvent s'établir.

> Cherchez à déterminer la couleur des yeux de l'autre dès le début de la rencontre.

Nous sommes nés pour échanger des regards : c'est le fondement même des talents sociaux. D'après une récente étude de la D^re Teresa Farroni, du Centre d'étude du cerveau et du développement cognitif du Birkbeck College, en Angleterre, un nouveau-né de deux jours peut sentir si quelqu'un le regarde directement. Non seulement en est-il capable mais, avant l'âge de quatre mois, il montrera davantage d'intérêt pour ce visage-là que pour ceux qui regardent ailleurs.

Le contact visuel permet d'établir des liens et d'acquérir certaines aptitudes sociales, ce qui est vital pour qu'il y ait interaction humaine. Avant de se sentir vraiment à l'aise, Matthieu ne pouvait se résoudre à regarder Michelle dans les yeux, ce qui a nui à son assurance et à sa capacité de gagner la confiance et le respect de la jeune femme. À l'inverse, Michelle a tout de suite cherché à instaurer un contact visuel avec le skieur, ce qui a considérablement accru sa capacité d'établir une connexion avec lui.

Employé correctement, le contact visuel peut engendrer un lien profond, voire de l'intimité sexuelle. Si vous voulez apprendre à bien l'établir, cherchez à déterminer la couleur des yeux de l'autre dès le début de la rencontre. La couleur en soi importe peu, mais ce procédé devrait devenir un automatisme. Entraînez-vous dans les magasins, au travail, à votre prochaine sortie au restaurant. Mettez cet exercice en pratique à chaque rencontre, jusqu'à ce que ce geste devienne totalement naturel. N'oubliez pas : vous êtes né pour regarder les autres dans les yeux.

Souriez : le monde vous sourira !

Pour dire « Je suis content et sûr de moi », rien ne vaut un sourire. Celui-ci fait des merveilles autour de vous, vous donne de l'énergie pour affronter le monde et agit comme une pompe provoquant la libération d'un neurotransmetteur appelé sérotonine. Quand vous souriez, vous contractez 14 muscles situés au coin de la bouche et à proximité des oreilles. Cela entraîne l'envoi d'un message électrique au cerveau, qui procède alors à la sécrétion de sérotonine. Or ce neurotransmetteur agit directement sur le bien-être. Allez-y, essayez. Vous vous sentirez plus attirant, plus fort, plus satisfait.

Petite prime : les sourires, comme les attitudes, sont contagieux. Si vous souriez à quelqu'un, vous avez de fortes chances qu'il fasse de même, libérant à son tour la sérotonine qui augmentera sa bonne humeur. C'est simple comme bonjour : votre sourire peut faire des heureux !

Tâchez de regarder les gens dans les yeux et de leur sourire. Ça crée des liens. Vous obtiendrez un meilleur service, vous nouerez des amitiés plus profondes, vous vous sentirez mieux, et votre pouvoir de séduction en sera amplifié.

Vous rappelez-vous l'exercice du chapitre précédent qui consistait à dire trois fois le mot « Super ! » dans votre tête ? À présent, dites-le à haute voix. Cette démarche vous forcera à contracter les muscles du sourire, ce qui libérera de la sérotonine. Je dois cette astuce à mes années comme photographe de mode. Beaucoup de modèles répètent le mot « Super ! » avec conviction quand ils ont besoin d'afficher un sourire authentique. Alors, la prochaine fois que vous rencontrerez quelqu'un, prononcez-le tout bas à son approche. Quand la personne sera devant vous, vous aurez un beau sourire et une mine épanouie.

Le vocabulaire général du corps

Michelle et Matthieu représentent deux extrêmes du langage corporel : l'ouverture et la fermeture. Michelle s'est montrée ouverte : ses signaux non verbaux manifestaient de la coopération, de l'acceptation, de la volonté, de l'enthousiasme et de l'approbation. Ce type de langage annonce : « Je me sens bien avec toi. » En revanche, Matthieu était fermé : sa nervosité se traduisait par des gestes de défense inconscients. Son corps manifestait de la résistance, de la frustration, de l'anxiété, de l'entêtement et de l'impatience, indépendamment de ce qu'il ressentait réellement. Ce type de langage dit : « Je suis mal à l'aise en ta compagnie. »

Le langage corporel ouvert expose le cœur, c'est-à-dire la zone du torse et du visage, et est accueillant. Il respire la confiance. Son mot d'ordre est « oui ». Quant au langage corporel fermé, il cherche à protéger le cœur. Comme on l'a vu avec Matthieu, il peut dégager de l'hostilité, de la colère ou de la distance, même si ce n'est pas ce que ressent la personne. Dans ce langage, tout crie « non ».

 Chaque geste a sa signification

Les gestes constituent le vocabulaire du corps, de la même façon que les mots inscrits sur cette page constituent le vocabulaire du livre. Un geste isolé n'a pas plus de sens que n'en aurait un mot de cette page pris hors de son contexte. Ce n'est qu'en combinant les gestes entre eux qu'on commence à raconter une histoire. Un geste fermé tel que le haussement d'épaules de Matthieu serait peut-être passé inaperçu si le skieur avait simultanément fait face à Michelle, en la regardant dans les yeux et en lui souriant. Et parfois, le langage corporel n'a rien à voir avec tout cela : une personne qui crispe les épaules peut simplement souffrir d'un mal de dos, et un individu qui replie les bras sur sa poitrine trouve peut-être seulement qu'il fait froid !

Les bébés expriment très bien les deux types de langage. Quand ils se sentent à l'aise, ils s'allongent sur le dos. Quand ils se sentent dans une situation inconfortable, ils ont tendance à se recroqueviller.

Le langage corporel ouvert

Si vous voulez montrer à une personne que vous êtes engageant, vous devez vous ouvrir avant même d'avoir prononcé un mot. Vraisemblablement, l'attitude que vous adopterez parlera pour vous.

Le langage corporel ouvert comprend les éléments suivants :

◎ bras et jambes décroisés ;

◎ attitude physique engageante ;

◎ bonne posture ;

◎ inclinaison légère vers l'avant, en direction de la personne ;

◎ mains ouvertes ;

◎ relâchement des épaules ;

◎ gestes lents et détendus ;

◎ entretien d'une atmosphère agréable.

Les gestes ouverts sont calmes et délibérés. Ils sont destinés à être vus. Combinés avec un bon contact visuel et un sourire, ils manifestent la confiance, la joie, l'acceptation et le bien-être. Ils émettent le message que tout va bien.

Votre tenue peut contribuer à l'émission de signaux d'ouverture. Si vous passez une demi-heure dans un café, attablé face à quelqu'un, et que vous gardez votre manteau boutonné jusqu'au cou durant tout ce temps, l'impression que l'autre aura de vous ne sera pas très bonne. Retirez votre manteau : ainsi, vous mettrez votre cœur à nu, littéralement et symboliquement.

Les gestes positifs et ouverts atteignent les autres : ils sont en quelque sorte la version subconsciente d'une accolade ou d'une bonne discussion.

Exposez votre cœur et ouvrez vos mains

La façon la plus facile et la plus rapide de manifester votre ouverture est de faire pleinement face à votre interlocuteur. Imaginez qu'un projecteur éclaire votre cœur et que ce rayon lumineux rejaillit sur l'autre.

Montrez aussi à la personne que vous ne cachez rien dans vos mains : cette inquiétude instinctive habite l'être humain depuis l'époque des cavernes. Votre interlocuteur se sentira plus à l'aise si vos mains sont dans son champ visuel.

Le langage corporel fermé

Si le langage corporel ouvert est comparable à une accolade chaleureuse, le langage corporel fermé revient plutôt à tourner le dos à autrui. C'est une attitude de défense qui tient les autres à l'écart. Parmi les gestes fermés, citons :

◎ l'évitement du contact visuel ;

◎ le fait de croiser les bras ou les jambes ;

◎ le fait de serrer les poings ;

◎ la position de biais par rapport à l'autre ;

◎ la bougeotte ;

◎ le fait de se couvrir la bouche ;

◎ les gestes raides ou saccadés ;

◎ L'entretien d'une atmosphère désagréable.

Adoptez un langage corporel ouvert lorsque vous rencontrez des inconnus. Tenez-vous face à eux, cherchez à voir la couleur de leurs yeux, souriez et laissez votre cœur rayonner vers eux. Vous serez surpris de constater le rapport de confiance que ces simples gestes peuvent instaurer.

Prochaine étape : parlez !

Tous les signaux non verbaux sont mobilisés : vous avez une attitude super, vous vous sentez bien dans vos vêtements et vous donnez la meilleure image possible de vous-même. Votre langage corporel est ouvert. Maintenant, il est temps d'ouvrir la bouche !

Le meilleur moyen de faire connaissance avec quelqu'un est de lui être formellement présenté. Il suffit alors de vous approcher de la personne et de lui tendre la main en disant : « Jeanne, je suis ravi de faire ta connaissance. » Si l'individu qui est à l'origine de cette rencontre sait faire les présentations, il dira une petite phrase d'introduction telle que : « Sandrine, je te présente Bernard, mon partenaire de karting. Sandrine habite à deux pas d'ici. »

Dès lors, les deux personnes concernées ont dans leur manche quelques renseignements leur permettant d'entamer la conversation. Sandrine peut lancer à Bernard une remarque légère comme « Alors, vous travaillez en ville ? », ou faire un peu d'humour : « Vous êtes son coéquipier de karting ? Lequel des deux choisit la station de radio ? » Si Bernard lance la conversation, il peut demander à Sandrine depuis combien de temps elle habite dans le quartier ou faire une remarque sur leur hôte et ses talents de voisin. Analysons attentivement un cas du même genre pour étudier son fonctionnement en détail.

Tirez parti des premiers instants

Un matin, Karine et Patrick, deux amis de Tom, se croisent par hasard dans son agence immobilière. Tom est doué pour le contact humain et fait habilement les présentations. La conversation s'ensuit tout naturellement.

– Je ne sais pas si vous vous êtes déjà rencontrés, dit Tom. Karine, voici mon ami Patrick. On joue au tennis ensemble. En général, je le laisse gagner! Patrick, je te présente ma vieille amie Karine. On s'est croisés la fin de semaine dernière. Il y avait au moins cinq ans qu'on s'était vus.

– C'est à peu près ça, répond-elle.

Elle se tourne vers Patrick, croise son regard et sourit en lui tendant la main.

– Salut, Patrick. Ravie de faire ta connaissance.

Patrick regarde Karine dans les yeux, sourit, lui serre la main ni trop fermement ni trop mollement.

– Chouette façon de commencer la journée!

– Merci! Es-tu aussi charmant sur le court de tennis? dit Karine en riant.

– Écoutez, j'ai un coup de fil à passer, les interrompt Tom. Vous ne voulez pas vous servir une tasse de café? Je viens d'en faire. Je reviens tout de suite.

– Bien des choses peuvent se produire en cinq ans, remarque Patrick en se dirigeant vers la table où est posé le café. Où étais-tu pendant tout ce temps? (Son ton est courtois, charmant et intéressé. Il fait attention à elle.) J'espère que tu as vécu de belles expériences.

– La plupart du temps. Être de service 12 heures par jour et avoir affaire à des gens qui ne sont jamais contents, ce n'est peut-être pas au goût de tout le monde, mais j'adore mon boulot.

– Un peu de café ? lui propose Patrick.

– Oui, s'il te plaît. Sans sucre.

– Laisse-moi deviner. Tu étais en mission avec Médecins sans frontières.

– Tu veux jouer aux devinettes ? (Karine rit. Elle est détendue.) Non, je ne suis pas médecin. (Elle rit de plus belle.) Et toi, je suppose que tu es dans l'immobilier ?

– Non. En tout cas, pas exactement, répond Patrick en secouant la tête.

– Joueur de tennis professionnel, alors ?

– Si seulement je pouvais ! (Patrick rit.) Maintenant que tu y fais allusion, on s'envoie quel genre de balles, là ?

– Je ne sais pas, répond Karine sur un ton faussement évasif en toisant Patrick. Mais c'est plutôt agréable.

Il faut tirer pleinement parti de toutes les occasions, quelles qu'elles soient. Karine et Patrick ont eu de la chance que Tom leur donne des renseignements en faisant les présentations. Ils ont été suffisamment attentifs pour les utiliser et se renvoyer la balle sur un ton léger. Ils ont aussi employé leur langage corporel (expressions du visage, rires), leurs réactions mutuelles et l'humour pour passer des étincelles des premières secondes à une conversation enflammée.

Ils ont tous deux été capables de profiter de leurs premiers échanges. Karine a opté pour des paroles et des gestes séduisants, taquins et charmants, tirant profit de l'introduction de leur ami commun. Elle a fait une excellente première impression à Patrick, qui a lui aussi visé juste :

il a repris le ton positif et léger de Tom, puis donné une dimension ludique à l'échange en improvisant à partir de la remarque de son ami sur l'absence prolongée de Karine.

Il aurait pu jouer cartes sur table en disant : « Je dirige ma propre société d'aménagement paysager. Je suis ici parce que Tom doit me présenter un client. Et toi, que fais-tu dans la vie ? » Karine, de son côté, aurait pu lui apprendre qu'elle est pilote d'hélicoptère, qu'elle est chargée de surveiller l'avancée du gel dans le nord du pays et qu'elle est ici pour poser sa candidature en vue d'un poste de surveillance de la circulation pour une chaîne de télévision. Ils ont tous deux préféré parler de tout et de rien, créant ainsi une atmosphère propice à la séduction.

La phase préliminaire

Imaginons à présent ce qui se serait passé si Tom n'avait pas aussi bien préparé le terrain. Le téléphone sonne, Tom doit prendre l'appel et les laisse seuls après avoir seulement eu le temps de lancer : « Patrick, Karine. Karine, Patrick. » Dans ce genre de situation, il existe trois types d'initiatives pour rompre la glace en douceur : une déclaration affirmative (« cette lumière matinale est très agréable ») ; une question (« qu'est-ce qui vous amène ici de si bon matin ? ») ; ou un compliment sincère. Karine et Patrick auraient même pu entamer la conversation en conjuguant ces trois méthodes.

Le compliment est l'option la plus risquée : il est d'ordre personnel et peut paraître opportuniste. Si Karine et Patrick avaient tous deux eu un appareil photo autour du cou, il aurait été facile de dire : « Ouah ! Est-ce que c'est un objectif Tessar 2.8 ? C'est un petit bijou ! » Cependant, comme ils se trouvaient dans une agence immobilière, ce genre d'approche aurait difficilement été envisageable. Bref, si on ne maîtrise pas parfaitement l'art du compliment, le risque est grand de se lancer prématurément sur un terrain trop personnel.

Une affirmation suivie d'une question ouverte est un moyen sans danger de commencer une discussion. Pas la peine de vous donner un mal de chien pour trouver de brillantes entrées en matière ; elles n'ont pas tant d'importance. Votre objectif est simplement de voir si l'autre est enclin à vous parler. Dites d'abord une phrase affirmative (qui touche le sport, la météo ou les circonstances de la rencontre), puis ajoutez une courte question (« il fait pas mal froid ce soir, vous ne trouvez pas ? »). L'autre personne percevra cet élément déclencheur et y répondra, en particulier si votre attitude montre que vous attendez une réponse. Vous saurez alors si elle désire aller plus loin. En règle générale, plus la réponse est longue et ouverte, mieux c'est. Ensuite, formulez une autre question ouverte : « Comment avez-vous connu Jacques ? »

Ne vous contentez pas de lire de la théorie. Étudiez comment les professionnels de la télévision s'y prennent. Les animateurs ont beaucoup à vous apprendre. Ce sont des maîtres en la matière. Ils commencent par une citation, un passage d'un article ou une référence à un scandale, puis posent une question incitant l'invité à livrer des renseignements.

> Les compliments ne marchent que lorsqu'ils sont sincères et gratuits.

Dernière astuce : employez le nom de votre interlocuteur dès les premières minutes de l'échange. L'effet sera magique. Après tout, le nom d'une personne est sans doute le mot le plus important de son vocabulaire. Cependant, la subtilité est de mise. Vous ne devez pas avoir l'air d'un représentant de commerce qui cherche à hameçonner le poisson.

On va vous présenter quelqu'un ? Préparez-vous !

Si la personne qui est à l'autre bout d'une pièce bondée de monde est à votre goût, demandez à votre hôte ou à un ami commun de vous la présenter. Cependant, évitez à tout prix de vous en remettre au hasard. Préparez un petit discours de 10 secondes destiné à celui qui fera les présentations : qu'il pense à mentionner votre nom, l'endroit d'où vous venez, ce que vous faites dans la vie, tout cela énoncé de façon à susciter l'intérêt de la personne. C'est beaucoup mieux que de vous faire présenter dans ces termes : « Liliane, je te présente Pascal. Tu as marché sous la pluie en venant ici, hein, Pascal ? »

Il est également important de suivre cette règle ancestrale : deux, c'est bien, trois, c'est trop ! Demandez poliment à votre hôte de vous présenter, de donner un ou deux renseignements intéressants à votre sujet, puis de s'en aller : « Liliane, je te présente Pascal. Il habite à Montréal et travaille dans l'industrie du cinéma. » Celui qui vous présente doit vite s'éclipser, sans quoi vous risqueriez de vous retrouver dans la situation suivante : deux personnes parlent et une troisième les écoute. Cette dynamique n'est pas souhaitable si vous voulez réellement connaître l'autre.

Si vous désirez impressionner la personne qui vous intéresse, demandez à votre hôte de vous dire deux ou trois choses sur elle avant de faire les présentations. Au début de la conversation, lancez par exemple : « Bob m'a dit que vous aviez passé un mois à méditer dans un monastère bouddhiste. Comment ça se passe ? Qu'est-ce qui vous a poussé à faire cela ? » En adoptant cette stratégie, vous accéderez plus rapidement à un certain degré d'intimité.

Les renseignements gratuits

Qu'on vous présente ou que vous vous présentiez vous-même, une chose est certaine : plus vous aurez d'information sur votre interlocuteur, plus vous apprendrez facilement à le connaître.

En ayant une écoute et un comportement attentifs, vous pouvez encourager l'autre à vous livrer des renseignements au moment de la présentation. Vous connaissez le film *Bonnie and Clyde* ? Imaginez que Clyde s'avance vers une inconnue dans un contexte social sans danger et qu'il lui dise simplement : « Salut ! » Il y a de fortes chances que la femme réponde : « Salut ! » Que se passera-t-il si Clyde ajoute un renseignement pour lancer la conversation ? Cela pourrait être seulement son nom (« Salut, je m'appelle Clyde »), ou quelque chose de plus substantiel, comme : « Salut, je suis Clyde Barrow. Je viens de Teleco, au Texas. Je n'étais jamais venu ici. » La balle sera maintenant dans le camp de Bonnie. Soit elle lui donnera des renseignements à son sujet, soit Clyde la mettra sur la voie en employant quelques mots (« Et vous êtes ? »), en lui adressant un regard interrogateur ou en utilisant autrement son langage corporel.

La conversation, c'est comme le tennis. Si vous envoyez la balle sur le terrain de l'autre joueur, il saura généralement comment vous la renvoyer et le fera instinctivement. S'il ignore de quelle façon s'y prendre, vous pouvez l'encourager à essayer. Comment ? En le préparant à vous renvoyer la balle. Il ne vous restera plus qu'à attendre que celle-ci revienne dans votre camp. Vous finirez par obtenir des renseignements qui vous aideront à quitter le champ des banalités et à vous introduire sur un terrain plus personnel.

6

Comment aborder des inconnus ?

Le contexte d'une première rencontre peut avoir un effet important aussi bien sur la perception qu'on a de l'autre que sur la tac-
tique qu'on choisit pour l'aborder. Dans le meilleur des mondes,
une tierce personne devrait être présente pour faire les présentations, et
le lieu devrait être familier et confortable, afin de se sentir à l'aise pour
entamer la discussion : une fête, un souper, une réunion, un cours... Les
chercheurs donnent à ces contextes le nom de « champs clos ». Dans de
tels endroits, tout un chacun a l'occasion d'aborder les autres en supposant
que ça se passera bien. Le fait d'être présenté par une connaissance commune dans un champ clos agréable encourage le partage des intérêts, des
valeurs et des goûts. Cela facilite également le lancement de la conversation, même si ça se résume à des formules simples telles que : « Comment
as-tu connu Vincent ? » ou « Comment as-tu eu l'idée de t'inscrire ici ? »

Cela dit, il existe des situations où on croise quelqu'un dont on aimerait
faire la connaissance dans un « champ ouvert » : un aéroport, un centre
commercial, un supermarché, un autobus. Pour la majorité d'entre
nous, ces situations sont intimidantes. Après tout, nos parents nous ont
appris à ne pas parler aux étrangers. L'idée de manquer à cette règle
nous paralyse. Établissons-en une nouvelle car, bien qu'elle soit importante pour les enfants, cette règle est absurde pour les adultes. Elle est
même contre-productive. Le fait de savoir aborder les autres en restant

simple et détendu est un atout précieux qui se révèle payant dans bien des circonstances, qu'on cherche à se faire un ami, à décrocher un emploi, à trouver une épaule sur laquelle pleurer ou à dénicher un partenaire avec qui partir en croisière.

Il y a deux méthodes pour aborder une personne qui nous attire : l'approche directe et l'approche indirecte.

L'approche directe

Parfois, on est déçu ou on se sent rejeté lorsque les autres ne lisent pas en nous comme dans un livre ouvert et ne répondent pas à nos attentes.

> Beaucoup de gens traversent la vie en espérant que les autres, d'une façon ou d'une autre, devineront leurs désirs et y répondront sans qu'ils aient à lever le petit doigt.

Pour éviter cela, il suffit souvent de dire les choses clairement. Quand on remarque quelqu'un, on ne devrait pas simplement espérer que ce sera réciproque ; on devrait faire les premiers pas et lui montrer qu'on n'est pas indifférent à son charme.

Ce genre d'initiative tétanise la plupart des gens. En effet, à moins d'être une star de cinéma, un mannequin ou un célibataire à la fortune notoire, il faut une sacrée dose de courage pour aborder un inconnu et lancer la conversation. Cependant, si on n'agit pas tout de suite, on court le risque de passer à côté d'une belle histoire. Dans certains cas, la force de nos sentiments nous submerge et nous pousse à intervenir. C'est ce qui s'est passé avec Pierre.

Cet importateur d'équipement lourd était en Hollande pour affaires. Dans le train à moitié vide qui le conduisait d'Amsterdam à La Haye, deux femmes élégantes étaient assises sur la banquette située de l'autre côté du couloir. Elles devaient avoir 35 ou 40 ans, à peu près l'âge de Pierre. Elles parlaient anglais, et Pierre entendait leur conversation. Une des deux était une journaliste américaine habitant à La Haye. Elle travaillait pour le compte de plusieurs journaux. L'autre, une Indienne un peu plus jeune, était habillée comme une cadre dynamique. Son anglais, excellent, était teinté d'un léger accent. Elle travaillait pour une compagnie de transport maritime britannique. Sa voix, d'un charme infini, a subjugué Pierre. Il était sûr qu'elle était son genre de femme. « Elle parlait lentement, choisissait ses mots avec soin et précision. Ses vêtements étaient impeccables, d'une classe absolue. »

Il ne restait que deux arrêts avant l'arrivée. Pierre a compris, en entendant discuter les femmes, qu'il descendrait avant elles. Il se sentait si attiré par l'Indienne qu'il a décidé de se lancer. Il avait le sentiment d'avoir perdu toutes ses inhibitions. Il ne savait qu'une chose : c'était maintenant ou jamais. Sans se laisser le temps de douter, il s'est glissé sur le siège côté couloir et, en employant un langage corporel ouvert (sourire, contact visuel, voix confiante et sereine), il a salué la journaliste. Puis il s'est tourné vers l'autre femme et a pris la parole.

– Bonjour ! Me permettez-vous de vous dire quelque chose de… personnel ?

– Je ne sais pas, a-t-elle répondu.

– Nous voyageons à bord de ce train depuis une demi-heure. Vous êtes toutes deux prises par votre conversation… et je n'ai pu m'empêcher de vous entendre. (Il a fait une pause pour créer un léger suspense.) Je tenais simplement à vous dire que je n'ai jamais entendu une voix aussi charmante que la vôtre.

Visiblement soulagée, elle l'a remercié, mais elle semblait peu disposée à parler.

– Je me demandais si vous accepteriez que je vous invite à souper, a repris Pierre en hochant un peu la tête.

– Je ne crois pas, mais je vous remercie. Je suis très flattée, a répondu la femme.

– Voici ce que je vais faire, a dit Pierre. Je vous laisse ma carte de visite. Je repars pour Paris mercredi. Consultez mon site Internet. Vous verrez que je ne mords pas. Si vous en avez envie, passez-moi un coup de fil ou envoyez-moi un courriel. Nous pourrions nous retrouver pour le lunch demain. À vous de voir.

Sans la quitter des yeux, il lui a souri, puis il s'est tourné vers la journaliste américaine et l'a remerciée. Il a regardé une dernière fois la femme à la voix envoûtante et l'a saluée en murmurant. Ensuite, il s'est levé, s'est faufilé jusqu'aux portes du wagon et a descendu du train à son arrêt.

Shantha (c'était son nom) l'a appelé le lendemain matin. Ils se sont retrouvés pour souper non loin du Palais Royal de La Haye. Plus tard, Pierre a dit à ses amis : « Elle me donnait l'impression de pouvoir conquérir le monde. » Quant à Shantha, voici ce qu'elle a confié à son amie journaliste lorsque cette dernière l'a appelée pour savoir comment s'était déroulée la rencontre : « Il me donne l'impression de n'avoir jamais rencontré de femme aussi intelligente que moi. »

Pierre et Shantha ont mis un terme à leur relation à distance qui durait depuis 18 mois : ils se sont mariés et ont emménagé ensemble dans le sud de l'Angleterre.

L'approche directe en action

En 1989, le *Journal of Psychology & Human Sexuality* a publié les résultats d'une étude entreprise par les Drs Russel D. Clark et Elaine Hatfield, intitulée *Les différences entre les sexes dans leur réceptivité aux avances sexuelles*. Les chercheurs ont demandé à des assistants, hommes et femmes d'apparence ordinaire, de se faire passer pour des étudiants et d'aborder des inconnus du sexe opposé sur le campus de l'université en leur disant : « Je t'ai remarqué sur le campus. Je te trouve très attirant. » Ils devaient ensuite leur poser au hasard 1 des **3 questions** suivantes, afin d'étudier leur réceptivité aux avances sexuelles :

1. Voudrais-tu sortir avec moi ce soir ?

2. Accepterais-tu de venir chez moi ce soir ?

3. Ça te tenterait de coucher avec moi ce soir ?

Les résultats étaient prévisibles :

Réponses positives des personnes interrogées		
Question	Hommes	Femmes
1	50 %	44 %
2	69 %	6 %
3	75 %	0 %

Même si les étudiants universitaires ne sont pas vraiment représentatifs de la société, cette enquête montre bel et bien que l'approche directe fonctionne une fois sur deux avec les deux sexes. C'est un pourcentage plutôt appréciable !

Si vous observez attentivement le vocabulaire employé par les assistants, vous remarquerez qu'ils utilisent un complément circonstanciel de lieu pour leur entrée en matière, suivi d'une question dont la réponse ne peut être que oui ou non. En partant du principe que vous savez vous montrer engageant plutôt qu'angoissant, les formules « Je t'ai remarqué sur le campus » (ou au bureau, au gym, etc.) et « Je te trouve très attirant » (ou j'aime ta veste, ta voix, etc.) suivies de « Ça te tente qu'on se retrouve pour boire un café en fin de journée ? » ont de bonnes chances d'obtenir une réponse positive. Revenons maintenant à l'histoire de Pierre et de Shantha pour l'analyser plus en détail.

Comment Pierre s'y est-il pris ?

Pour son travail, Pierre prend régulièrement l'avion ou le train, mais aborder des inconnues de cette façon n'est pas dans ses habitudes. Cette fois-ci, c'était différent. Son désir de parler à Shantha était impérieux.

Il a ignoré sa raison, qui lui aurait conseillé d'éviter de se ridiculiser. Une petite voix lui a murmuré de prendre son courage à deux mains et de se lancer. Ainsi, il a osé faire les premiers pas vers la femme de sa vie.

Trois ans plus tôt, le patron de Pierre lui avait conseillé de suivre une formation intitulée *La programmation neurolinguistique pour les cadres*. Quand il a parlé à Shantha, Pierre a utilisé plusieurs des techniques qu'il avait acquises à l'occasion de ce cours. Il s'agit de la méthode des gestes et des attitudes irrésistibles.

S'adapter à la réalité de l'instant

Lorsque Pierre s'est présenté à Shantha, il a utilisé une technique que les spécialistes de l'hypnose appellent « l'adaptation à la réalité de l'instant ». C'est un formidable moyen de rendre l'approche plus discrète, que celle-ci soit directe ou indirecte.

Pour vous aider à vous détendre, le spécialiste de l'hypnose attire votre attention sur trois éléments vérifiables. Une fois que vous êtes dans un état réceptif, il vous suggère quelque chose dans l'espoir que vous l'accepterez. Exemple : « Pendant que vous êtes assis ici (premier élément vérifiable), que vous écoutez le son de ma voix (second élément vérifiable) et que vous observez le mur devant vous (troisième élément vérifiable), vous remarquez que vos épaules commencent à se détendre et à se dénouer (suggestion). »

Relisez ce que Pierre a dit à Shantha. Pour commencer, il a mentionné trois faits avec lesquels elle ne pouvait qu'être d'accord. Oui, ils étaient dans un train, celui-ci roulait depuis une demi-heure, et elle était absorbée dans sa conversation. En fait, Pierre s'est contenté de décrire la réalité : Shantha ne pouvait que l'approuver. Il n'a rien dit qu'elle aurait pu réfuter (par exemple, que le trajet de la jeune femme était agréable ou que son siège était confortable).

Lorsqu'il est livré avec un langage corporel et un ton sincères, ce genre de message est irrésistible, car il met les gens dans un état d'esprit ouvert et détendu. La personne qui parle leur offre des vérités irréfutables sur leur environnement immédiat.

Imaginez que vous faites la queue devant un manège de La Ronde avec vos deux jeunes fils. Devant vous se trouve un homme séduisant accompagné de ses deux petites filles. Vous pouvez lancer une remarque désinvolte : « Ça fait vraiment du bien de voir tous ces gens s'amuser et rire par une aussi belle journée. » La même approche fonctionnerait dans l'entrée d'un restaurant ou devant un stand de sandwichs au bord de la mer. C'est une excellente façon de détendre les gens et de les préparer à être d'accord avec vous.

Le hochement de tête imparable

Vous avez peut-être remarqué qu'à un certain moment Pierre a utilisé la technique que j'appelle le « hochement de tête imparable ». Cette méthode requiert l'emploi tout en finesse du langage corporel pour « souffler » à l'autre la réponse souhaitée à une question. Les agents de bord l'emploient lorsqu'ils demandent aux passagers : « Puis-je vous apporter autre chose ? » S'ils veulent que la réponse soit oui, ils hochent un peu la tête. Dans le cas inverse, ils secouent légèrement la tête de droite à gauche et de gauche à droite. Comme je l'ai dit précédemment, les êtres humains sont très sensibles aux signaux visuels, même s'ils n'en ont pas forcément conscience. Lorsque Pierre a demandé à Shantha si elle accepterait de le revoir, il a fait un signe affirmatif de la tête. La jeune femme a d'abord répondu par la négative, mais elle était probablement déjà en train de changer d'avis.

Les questions indirectes

Ces questions, qu'on appelle « postulats conversationnels » dans le jargon technique, permettent d'obtenir une réponse sans poser de question directe. Si vous demandez à quelqu'un : « Pourriez-vous me dire où est l'arrêt d'autobus ? » il ne vous répondra pas par oui ou par non, mais

> Les questions indirectes sont en apparence plus naturelles que les questions directes. Elles permettent à celui qui les pose de guider doucement la conversation et de paraître délicat.

vous expliquera comment y aller. Relisez attentivement la scène entre Pierre et Shantha : vous remarquerez que l'homme n'a pas directement invité la femme à souper, mais qu'il a intégré sa question à une phrase portant sur sa propre curiosité : « Je me demandais si vous accepteriez que je vous invite à souper. » Cela a atténué aussi bien sa demande que la réponse éventuelle, en leur donnant un caractère hypothétique. Il existe une version légèrement plus directe : « Que diriez-vous si je vous appelais ? » La question est bien réelle mais, comme elle appartient au champ de la supposition, elle perd son caractère pressant.

Dans le cas de Shantha, le message est arrivé à bon port et elle s'est sentie flattée.

Les incitations implicites

Les artistes qui font du doublage pour les publicités à la télévision ou à la radio ont fréquemment recours à des incitations (ou directives) implicites pour renforcer et influencer le comportement du public. Les orateurs qui maîtrisent l'art de la persuasion les utilisent aussi. En disant « Si vous en avez envie, passez-moi un coup de fil ou envoyez-moi un courriel », Pierre a fait appel aux incitations implicites pour faire passer son message. Le secret ? Mettre l'accent sur la suggestion en changeant légèrement de ton et de langage corporel. Pierre a fait une très courte pause avant de dire : « Passez-moi un coup de fil. » Le ton de sa voix a aussi baissé d'un cran, de façon à marquer davantage son autorité. De plus, il a regardé Shantha dans les yeux et s'est tenu immobile pour ne pas créer d'interférence.

Une autre forme de suggestion est liée à l'ambiguïté de l'intention. Trouvez un point commun évident entre vous et une personne que vous appréciez (le tennis, par exemple), puis dites-lui : « Si, comme moi, tu aimes jouer au tennis, la nouvelle biographie de Monica Seles t'intéressera sûrement » ou « Ça te plairait d'aller jeter un œil aux terrains en terre battue qui se trouvent à une demi-heure d'ici ? » Ces commentaires sont anodins en soi mais si, en les faisant, vous les accentuez (« Si, *(très courte pause)* comme moi, tu aimes *(très courte pause)* jouer au tennis, la nouvelle biographie de Monica Seles t'intéressera sûrement »), le phénomène suivant se produira : l'autre saisira les deux messages (le lien qui vous unit et l'information sur le tennis) sans se rendre compte que vous avez introduit une instruction dans votre discours.

En pratique, c'est 10 fois plus simple qu'en théorie. Testez cette méthode ; entraînez-vous à mettre vos directives en valeur en adoptant un ton légèrement plus sérieux quand vous les énoncez que pour le reste du discours et en établissant simultanément un contact visuel. Lorsque vous aurez compris comment procéder, relisez ce que Pierre a dit à Shantha (il a accentué ses directives à l'aide de courtes pauses et d'un ton un peu plus directif).

Que vous choisissiez ou non d'employer l'approche directe, les techniques évoquées précédemment vous seront utiles pour séduire la personne qui vous plaît ou pour créer des liens solides. L'intervention de Pierre n'a duré que quelques secondes. À l'aide de vérités évidentes, il a su s'adapter à la réalité de l'instant pour obtenir l'approbation de Shantha et pour adopter le même rythme mental qu'elle. Il a employé des questions détournées et des hochements de tête pour formuler sa demande, ainsi que des incitations implicites pour vaincre la résistance de la jeune femme.

Ces initiatives peuvent en effrayer certains, mais dites-vous bien que l'approche directe vous permettra d'aller droit au but et de gagner du temps. Bien entendu, elle demande de la pratique. Entraînez-vous au bureau ou avec le réceptionniste de l'hôtel. Ainsi, vous pourrez plus facilement obtenir une bonne table au restaurant ou, comme Pierre et de nombreuses autres victimes du coup de foudre, trouver la force de foncer sans réfléchir.

L'approche indirecte, ou l'art de commencer par le milieu

Vous assistez à une réunion. Une personne vous aborde et vous dit quelque chose de relativement anodin, puis, sans savoir comment, vous vous retrouvez à parler avec elle comme si vous la connaissiez depuis toujours. Comment cela s'explique-t-il? Vous avez tout simplement rencontré un individu qui a choisi l'approche indirecte. En employant cette technique, les maîtres de l'art de la socialisation savent tirer parti des premiers instants d'une rencontre. Ils s'avancent vers la personne avec laquelle ils ont envie de tisser des liens, la saluent, puis entament la conversation comme s'ils étaient face à un vieil ami. Cela demande une certaine audace mais, avec un peu de pratique, vous y arriverez.

L'approche indirecte, ou l'art de commencer par le milieu, vous permet d'entrer discrètement en contact avec une personne qui vous intéresse. Elle est moins risquée que l'approche directe, car elle ne requiert ni présentation ni demande franche. Il vous suffit de vous approcher de l'autre, de faire une remarque intéressante sur ce qui se passe à l'instant même, puis de lancer un commentaire comme si vous parliez à un proche : « Ces chocolats à l'orange sont divins. Selon toi, comment a-t-on eu l'idée d'associer les deux ? » Ou : « Les peintures de Turner sont mystérieuses. À votre avis, quel message cherchait-il à faire passer ? » Ou bien : « J'ai l'impression qu'il y a plus de vendeurs de crème glacée dans ce quartier que dans le reste du pays. Vous savez pourquoi ? »

Un des grands avantages de l'approche indirecte est que vous pouvez observer l'autre avant d'avancer vos pions. En ayant une discussion animée avec lui, vous verrez rapidement si le courant passe. Les premières impressions sont parfois décevantes. L'homme séduisant qui sirote son double expresso en regardant par la fenêtre du café n'est peut-être pas, en fin de

compte, le poète parisien que vous imaginiez... La fille qui porte des vêtements trop grands pour elle et qui déambule dans la gare n'est pas forcément une danseuse de la troupe du Moulin Rouge, mais peut-être une
hippie un peu délurée. Que cela ne vous empêche pas d'aborder les gens
comme des amis de longue date : vous avez tout un monde à explorer.

♥ Comment inviter quelqu'un à sortir avec vous ?

Si vous avez abordé une personne et si le courant passe des deux côtés, rien
ne vous interdit de l'inviter à sortir avec vous. Que vous soyez un homme ou
une femme, vous n'avez qu'à dire : « J'aime vraiment discuter avec toi. Ce serait super si on pouvait passer du temps ensemble un de ces jours. » Puis
attendez sa réponse. Ne dites rien. Laissez la magie de votre question indirecte opérer. Il y a deux possibilités : l'autre acceptera votre invitation ou la
déclinera. Si la réponse est oui, fixez immédiatement une date ou échangez
vos numéros de téléphone en précisant à l'autre le moment de votre appel.
Si la réponse est non, la personne cherchera peut-être à se justifier. Les excuses sont généralement le manque de disponibilité ou de temps : « Je suis
marié », « Je vois déjà quelqu'un », « Mon emploi du temps est surchargé ces
jours-ci. » Partez du principe que, si l'autre refuse votre invitation, c'est que
l'interaction est terminée. En d'autres termes, non, ça veut dire non.

Une femme peut-elle inviter un homme à sortir avec elle ? Dans une certaine
mesure, cela dépend de la génération dont elle fait partie. Plus elle est
jeune, plus elle considérera ce comportement comme acceptable ; plus elle
est âgée, plus elle verra cette conduite comme embarrassante. Cependant,
croyez-moi sur parole : quel que soit votre âge, vous serez surprise de voir
combien d'hommes se sentiront flattés et impressionnés par votre initiative.
Honnêtement, qu'avez-vous à perdre à poser la question ? Si vous éprouvez
vraiment de la nervosité, trouvez un angle d'approche ludique : « C'était très
amusant de bavarder avec toi. Ça me ferait vraiment plaisir que tu m'invites
à sortir un soir. » Si vous vous entendez bien avec l'autre et s'il semble voir
où vous voulez en venir, vous pouvez appuyer votre propos d'un langage
corporel engageant (sourire, hochement de tête).

Henri aperçoit une femme séduisante qui mange au comptoir d'un restaurant plein à craquer. Il s'assoit à côté d'elle, saisit le menu, l'étudie un moment, puis, en toute innocence, se penche vers elle comme le ferait un vieil ami ou un cousin : « Que me conseillez-vous ? C'est la première fois que je viens ici. » Si la jeune femme lui recommande un plat, c'est formidable : Henri peut poursuivre la conversation à partir de là. Si elle lui répond : « Moi aussi », c'est également encourageant. Dans les deux cas, ils ont des points communs.

Françoise assiste au mariage de son cousin. Après la cérémonie, tandis que les jeunes mariés s'engouffrent dans leur limousine pour se rendre à la réception, un orage éclate et il commence à pleuvoir à verse. Françoise se tourne vers le bel homme qui est à côté d'elle, le regarde dans les yeux, hausse les épaules et laisse échapper un rire. « Super ! Qu'est-ce qu'on fait, maintenant ? » lui demande-t-elle. « Aucune idée », répond-il. « Il n'y a plus qu'à courir, renchérit-elle. Où êtes-vous garé ? »

Ils sont tous les deux trempés. Ils ont sûrement des amis communs puisqu'ils sont ici pour la même raison. Ils courent ensemble vers le stationnement. Ça fait pas mal de points communs !

Cynthia se rend dans un magasin d'électroménagers, car elle envisage d'acheter une cuisinière au gaz naturel. Elle est plongée dans ses pensées : « De quoi la cuisinière Majesté des hauts sommets aurait l'air dans la ferme que je suis en train de retaper ? » Martin s'avance vers elle, une brochure à la main. Il étudie un modèle exposé un peu plus loin. « D'après vous, est-ce que le noir fait plus authentique que la couleur ? » Cynthia se met à rire. « Vous êtes télépathe ! Je me posais justement cette question ! »

Durant les cinq minutes qui suivent, ils échangent leurs opinions sur les types de cuisinières. Ils ont un tas de choses en commun.

Commencer une relation par le milieu

Plus vous savez comment intégrer des détails sur ce qui se passe autour de vous au moment présent, plus vous semblez détendu et naturel, ce qui est essentiel. Cela vous évite de passer pour une personne qui drague.

La particularité de l'approche consistant à supposer que l'amitié de l'autre est acquise est qu'aucune entrée en matière n'est nécessaire. Il suffit de commencer à parler.

Il est agréable d'échanger quelques paroles avec des gens au cours des activités quotidiennes. Ce genre de bavardage convivial a sa place dans la queue des supermarchés, dans les soirées mondaines, aux parties de soccer, dans les salles d'attente des aéroports, dans les galeries d'art. À vous de voir !

Comment faire pour vous sentir décontracté lorsque vous abordez un inconnu comme si vous le connaissiez depuis toujours ? C'est simple : il faut vous entraîner. Vous pouvez notamment utiliser les remarques, les questions et les compliments suivants.

◎ Une question à laquelle on ne peut répondre par oui ou par non : « Alors, qu'est-ce que les critiques pensent de ce film ? »

◎ Une remarque renvoyant à ce qui se passe autour de vous ou à l'endroit où vous vous trouvez : « Super, des ananas ! »

◎ Une remarque sur le lieu où vous êtes, suivie d'une question ouverte : « Super, des ananas ! Comment savoir s'ils sont mûrs ? »

◎ Une observation : « C'est génial ! Notre équipe est bien partie pour gagner ce soir ! »

◎ Un compliment sincère : « Il faut que je vous dise quelque chose : j'adore votre chapeau ! »

◉ Une demande d'opinion : « Je n'ai jamais mangé ici. Avez-vous un plat à me conseiller ? »

EXERCICE

Commencez par le milieu

Lisez les scénarios suivants. Pour chacun, imaginez que vous rencontrez une personne et que son amitié vous est acquise. Que pourriez-vous lui dire ? Trouvez une phrase d'introduction, puis enchaînez avec une question ouverte.

1. Vous sortez d'un magasin et vous vous apercevez qu'il pleut. Plusieurs personnes attendent que la pluie se calme car, comme vous, elles n'ont pas de parapluie. Le passant qui s'abrite à vos côtés vous plaît. Vous lui dites :

   _____

   _____

2. Vous êtes au bureau un après-midi. Il fait un temps splendide. À votre pause, vous décidez d'aller dans le petit parc situé tout près de votre bâtiment. Vous voyez un collègue d'un autre service avec lequel vous n'avez jamais eu l'occasion de parler. Vous vous approchez de lui et lui dites :

   _____

   _____

3. Sur le trajet qui vous mène à votre travail, vous vous arrêtez dans un restaurant pour boire un café. Vous remarquez une personne très séduisante assise au comptoir. Vous lui dites : _____

   _____

4. Vous essayez de nouvelles chaussures. Un homme qui a l'air charmant patiente à côté de vous, une paire de souliers à la main. Il attend que le vendeur revienne. Vous lui dites : _____

   _____

Supposez que tout se passera pour le mieux

Lorsque vous remarquez quelqu'un qui vous plaît, ne faites pas d'hypothèse sur la réaction qu'il aura à votre approche. Vous ne pouvez pas deviner s'il sera embarrassé, offensé ou enchanté. Contentez-vous de l'aborder et d'observer sa réaction. Vous n'avez rien à perdre. Au pire, vous vous ferez éconduire et serez un peu vexé.

Présumez que les autres vous laisseront le bénéfice du doute et faites de même avec eux. Supposez que votre apparence positive et votre attitude séduisante les influenceront. La plupart des gens ont envie d'interagir et de nouer des amitiés, alors dites-vous que le meilleur peut se produire.

Cela dit, on est plus réceptif à certains moments qu'à d'autres. On a parfois envie de s'isoler : la journée a été rude, on est préoccupé… Un million de raisons peuvent expliquer le besoin de solitude. Quand on est dans un tel état d'esprit, on émet souvent des signaux (expression anxieuse ou perturbée, langage corporel fermé). Avant d'aborder quelqu'un, assurez-vous qu'il n'envoie pas de signaux de ce type. Si vous allez vers lui et si vous percevez une raideur ou un agacement, ou s'il se contente de vous ignorer, ce n'est pas grave. Souriez, excusez-vous et n'insistez pas. Vous vous êtes montré amical. En battant en retraite tout de suite, vous lui laisserez une bonne impression.

La règle des 3 secondes

Plus vous reportez une chose, plus c'est dur de vous y mettre. Vous est-il arrivé de manquer une occasion parce que vous aviez été trop lent à agir ? De décider de ne pas faire une chose puis de le regretter amèrement ? Vous êtes-vous déjà assis à un bar pour boire une pinte de bière, regardant les autres s'amuser tandis que vous restiez planté dans un coin comme un piquet, sans oser vous joindre à eux ? Si c'est le cas, vous vous êtes sûrement déçu vous-même, car vous n'avez pas eu le courage d'agir.

Espérez-vous (consciemment ou non) qu'à force d'attendre un déclic se produira ? Cela revient à mettre les assiettes dans l'évier en souhaitant qu'elles se lavent toutes seules. Quand vous saisissez les occasions, elles se multiplient d'elles-mêmes. Si vous aviez abordé ces gens, vous auriez maintenant un nouveau réseau social à votre disposition. Un des clients du bar vous aurait peut-être invité à un barbecue où vous auriez rencontré une fille qui vous aurait proposé d'aller au théâtre avec elle. Son frère serait peut-être venu aussi. Il aurait amené un copain qui, à son tour, vous aurait invité à aller faire de la voile avec des amis. Sans crier gare, vous vous seriez retrouvé à recevoir chez vous, pour un repas improvisé, pas moins de 16 personnes intéressantes, dont une aurait pu être celle que vous cherchez depuis toujours.

Si vous restez là à souhaiter que quelque chose se passe, rien n'arrivera. Plus vous attendrez, plus grands seront les risques que celui qui vous a tapé dans l'œil aille accoster la jolie blonde au fond de la salle. Vous regretterez alors, avec raison, de ne pas être intervenue tout de suite.

Rappelez-vous le truc que Christina, la prof d'équitation, a donné à Laura dans le chapitre 3 : agissez dans les trois premières secondes. Saisissez l'instant présent et faites les premiers pas.

EXERCICE

La règle des 3 secondes

Aujourd'hui, sortez et abordez trois inconnus. Allez-y très progressivement. La première fois, choisissez des personnes qui ne vous intimident pas. L'objectif est de dire quelque chose à un inconnu, non pas de mener une vraie conversation. Vous pouvez dire ce que vous voulez, mais les phrases affirmatives donnent de meilleurs résultats. Par exemple, vous pouvez faire une remarque sur le lieu ou sur la situation. Bien sûr, vous devez ajuster votre attitude à votre discours, faire parler votre corps et être le plus engageant possible. C'est une obligation dans toute rencontre. Voici maintenant la partie difficile de l'exercice : allez vers la personne dès que vous la remarquez. Comptez mentalement jusqu'à trois, puis abordez-la sans hésitation.

De cette manière, vous créerez un automatisme qui servira d'élément déclencheur. Le but est d'apprendre à briser la glace et à prendre des initiatives. Plus vous vous entraînerez à discuter avec des inconnus, plus vous le ferez naturellement.

La plupart des gens ont envie d'aller vers les autres. Pourtant, il leur arrive souvent d'hésiter à le faire, alors qu'il leur suffirait de dire un mot ou de montrer leur intérêt pour créer une occasion. Ils se croisent dans la rue, s'assoient côte à côte au café et se voient tous les jours. Peut-être ont-ils le goût d'aller plus loin, mais rien ne se passera tant qu'ils ne prendront pas leur courage à deux mains.

> Quand vous avez une occasion unique, saisissez-la tout de suite. Comptez jusqu'à trois, assurez-vous que vous avez la bonne attitude et... foncez.

Vous pouvez utiliser l'approche directe, comme Pierre dans le train. Cette méthode est parfaitement adaptée à ceux qui ont suffisamment d'assurance. Vous pouvez aussi employer l'approche indirecte et commencer par le milieu. Cette technique présente trois avantages : elle n'engage à rien, elle permet d'obtenir certains renseignements sur l'autre, et il y a toujours une issue de secours par laquelle vous pouvez vous retirer sans perdre la face si vous allez droit dans le mur.

Approchez-vous de la personne qui vous intéresse, attendez une demi-minute environ (dans ce cas, la règle des trois secondes s'applique à la décision et non au moment où vous vous lancez), puis engagez la conversation comme si votre interlocuteur était un cousin ou un vieil ami. Évitez de donner l'impression de draguer.

Ayez confiance en vous, montrez-vous intéressant et amusant. L'astuce est d'être détendu et aussi sûr de vous que possible.

Le courant passe et vous avez l'occasion de proposer une sortie à l'autre? Fantastique! Si le courant ne passe pas, persévérez. En revanche, si vous vous faites remettre à votre place dès votre première approche, c'est que vous avez besoin d'apprendre à maîtriser l'art de la conversation. Maintenant que vous savez comment enflammer l'allumette, nous étudierons, dans le prochain chapitre, comment vous devez vous y prendre pour alimenter le feu.

Partie III

Partez !

C'est l'étape ultime :
passez de la connexion à l'intimité puis
à l'amour en un temps record.

7

La conversation et l'alchimie

Vous avez vous-même abordé la personne qui vous intéresse, on vous l'a présentée, ou encore, vous l'avez saluée et avez senti une certaine réceptivité, voire une ouverture de sa part, ou, en tout cas, une réaction suffisante pour vous faire penser qu'elle pourrait être votre opposé complémentaire. C'est très bien. Maintenant, que comptez-vous faire ? Passerez-vous des phrases d'introduction à une conversation plus poussée ? Trop souvent, une rencontre prometteuse se termine en fiasco parce qu'aucune des deux personnes ne sait quoi faire pour entretenir la discussion. Elles ignorent comment passer des lieux communs aux sujets plus substantiels qui créent de vrais liens.

Comme vous le savez, les questions sont le moteur de la conversation. Presque tout le monde aime parler de soi. Cela signifie que, si vous posez les bonnes questions, vous aurez fait la moitié du chemin. Je dis bien la moitié, car l'autre composante essentielle d'une bonne conversation est l'écoute active. Parfois, on cherche tellement à avoir l'air intelligent au cours d'une discussion qu'on oublie d'écouter son interlocuteur. Or l'écoute active (qui demande à la fois d'être attentif et de réagir aux propos de l'autre) est cruciale pour établir un vrai contact avec autrui. Combinez-la avec de bonnes questions et vous aurez une recette quasi infaillible pour mener une conversation animée et engageante.

Sur le Net ou en personne ?

Une des raisons pour lesquelles les sites de rencontre sont si populaires est la suivante : on n'a pas à composer avec l'anxiété induite par le regard d'autrui. On peut réécrire ses réponses jusqu'à ce qu'elles semblent spirituelles et intéressantes. Ça ne se passe pas comme ça dans la réalité. Quand quelqu'un nous regarde, on ne peut pas fermer les yeux pour réfléchir, faire une grimace en cherchant une réponse brillante ou se mordre la joue en se demandant comment trouver un bon mot ou une répartie pleine d'esprit. Nombreux sont ceux qui trouvent le Web et le téléphone moins anxiogènes que le contact en personne. Pourtant, comme vous le diront beaucoup de gens qui se servent d'Internet pour faire des rencontres : « C'était magique jusqu'à ce qu'on se voie pour de vrai. À ce moment-là, j'ai su qu'il ne se passerait rien. »

Face à l'autre, on est bombardé de données sensorielles : on le voit, on l'entend, on peut lui toucher et même sentir son parfum. Ces perceptions sont les premiers éléments de la véritable alchimie. Quand celle-ci se produit, on le sait tout de suite.

Fermez les yeux et pensez à trois personnes, hommes et femmes confondus, avec lesquelles le courant a vraiment passé. Je parie que le fait de discuter avec elles ne vous demande aucun effort. C'est la même chose pour ce qui est de la séduction. Une conversation sans alchimie ne vous mènera pas au grand amour, mais la combinaison de ces deux éléments vous y conduira. Plus forte est l'alchimie, moins la conversation requiert d'efforts.

Tout est dans la question

Il est étonnant de voir combien les gens s'illuminent quand on les interroge sur un sujet qui leur tient à cœur. Cependant, les questions peuvent être intrusives ou indiscrètes. Il vaut donc mieux commencer par poser des questions neutres, comme : « Comment avez-vous connu Daniel ? » ou « C'est la première fois que vous venez ici ? Est-ce que ça vous plaît ? », ou encore, « Que pensez-vous des peintures de Jacques ? » Vous ne voudriez pas indisposer votre interlocuteur ou fouiner dans sa vie personnelle. La chose qui compte pour l'instant, c'est qu'il vous renvoie la balle. Quand il répond, faites attention à ses paroles et à son langage corporel : vous saurez s'il se sent à l'aise. S'il établit un contact visuel avec vous, s'il a l'air détendu, s'il vous fait face et sourit, il y a de fortes chances pour que ce soit le cas.

 Les principes fondamentaux de l'écoute active

Dans le *Journal of Research of the University of Maine,* la D^{re} Marisue Pickering a exposé **10 talents** relatifs à l'écoute active ou empathique.

1. **Être présent et attentif.** Par le contact visuel et l'attitude physique, on montre à l'autre qu'on lui porte attention.

2. **Énoncer de nouveau et paraphraser.** On répond au message verbal de l'autre.

3. **Rebondir.** On parle d'expériences, de pensées ou de sentiments qui vont dans le sens de ce que l'autre personne a dit ou évoqué par ses réactions non verbales.

4. **Interpréter.** On tente d'interpréter les sentiments, les désirs ou les propos de l'autre.

5. **Résumer et synthétiser.** On parle avec l'autre de ses sentiments et de ses expériences. On adopte le bon angle d'approche.

6. **Sonder.** Pour encourager l'autre à s'exprimer, on lui pose des questions qui demandent de l'information. On essaie d'éclaircir les confusions.

7. **Réagir verbalement.** On partage sa perception des réflexions ou des sentiments de l'autre. On révèle des renseignements personnels pertinents.

8. **Soutenir.** On montre sa compréhension et son intérêt de façon personnalisée.

9. **Vérifier ses perceptions.** On s'assure que ses interprétations sont justes et précises.

10. **Garder le silence.** On donne à l'autre le temps nécessaire pour réfléchir et s'exprimer.

Posez les bonnes questions

Il existe deux sortes de questions : celles qui sont ouvertes et celles qui sont fermées. Les secondes commencent généralement par : « Êtes-vous... » ou par « Avez-vous... » On peut y répondre par un seul mot. Si je vous demande : « Êtes-vous un fan de Julia Roberts ? », la réponse ne peut être que oui ou non.

Quant aux questions ouvertes, elles commencent généralement par qui, que, pourquoi, où, quand ou comment. Elles appellent aux confidences. Exemple : « Que faites-vous de votre temps libre ? » Plutôt que de poser des questions qui sont dénuées de rapport au regard de la situation, axez vos interrogations sur un commentaire qu'a fait la personne à laquelle vous parlez ou sur une chose qui se passe à ce moment-là.

Cela dit, vos questions n'ont pas à être intelligentes ou très étudiées. Voici mes préambules préférés : « Parlez-moi de... » et « Que pensez-vous de... » Ils sont presque infaillibles et encouragent vraiment l'autre à s'exprimer. Utilisez-les au moment de votre prochaine conversation. Demandez à votre interlocuteur de vous parler d'un sujet particulier, puis réagissez à ses propos en lui montrant, par votre attitude et vos réponses, qu'ils vous intéressent. Faites également attention aux signaux que l'autre émet (voir page 151).

C'est aussi simple que ça. À partir de ce qui vient d'être dit, ajoutez quelques remarques et posez quelques questions destinées à encourager votre interlocuteur à poursuivre. Si ça se passe bien, qui sait où votre initiative vous mènera ? Comme je l'ai mentionné au chapitre précédent, il est bien de faire précéder votre question d'une réflexion témoignant d'un intérêt commun (un commentaire sur la réunion ou la fête où vous vous trouvez, un événement intéressant de l'actualité – même la météo peut faire l'affaire). Faites suivre votre remarque d'une question ouverte : « Les meilleurs groupes viennent jouer ici. Tu écoutes quoi comme musique ? » Ensuite, assurez-vous de bien écouter la réponse de l'autre.

Des indicateurs précieux

Une part importante de l'attention que vous prêtez à votre interlocuteur devrait concerner les indicateurs. Il s'agit de petits renseignements qui peuvent vous conduire à des sujets de discussion et qui vous permettent d'en apprendre plus sur l'autre.

À un marché aux puces qui se déroule à la campagne, Jacques trébuche et tombe sur Julie.

– Désolé ! Je ne vous ai pas fait mal, au moins ? Je cherchais quelqu'un et je n'ai pas regardé devant moi. Encore pardon.

– Il n'y a pas de mal. Voulez-vous que je vous aide à le chercher ? répond Julie, sensible au charme de Jacques.

– J'ai promis à un de mes amis qui habite en ville de passer prendre quelques bibelots et de les vendre aux enchères. Il m'a laissé un mot me disant que je le trouverais ici. Je suis venu, mais je n'arrive pas à le repérer.

– Il y a des comptoirs de sandwichs et de boissons là-bas, dit Julie en pointant des tentes.

Quel dommage ! Julie est complètement à côté de la plaque ! Jacques lui a offert deux indicateurs sur un plateau, mais, au lieu d'en profiter pour lui renvoyer la balle, elle a adopté une attitude qui reviendrait, dans un match de tennis, à poser sa raquette sur le sol pour se ronger les ongles. Elle aurait dû saisir les occasions de rebondir : « Comme ça, il va y avoir une vente aux enchères ? Vous savez quand ? » ou « On dirait que vous n'êtes pas d'ici. Vous connaissez notre petit village ? »

Les indicateurs sont généralement des mots que vous pouvez saisir au vol et répéter à votre interlocuteur pour guider la conversation. Choisissez l'indicateur le plus évident ou celui qui vous interpelle le plus,

> Il est important non seulement de poser des questions, mais aussi de donner des renseignements qu'on ne vous a pas demandés.

puis donnez à la discussion le tour que vous voulez. Emmagasinez dans un coin de votre esprit les indices révélés par l'autre et semez ici et là quelques indicateurs vous concernant. Il est important non seulement de poser des questions, mais aussi de donner des renseignements qu'on ne vous a pas demandés.

De cette façon, l'autre pourra mieux vous cerner, et vous en saurez un peu plus sur lui sans donner l'impression de jouer les détectives.

Soyez attentif

Certains présentateurs de la télévision sont doués pour poser des questions ; d'autres sont carrément mauvais. Ces derniers posent des questions creuses et toutes faites ou se montrent plus bavards que l'interviewé. Quant aux doués, ils savent manier l'écoute active.

Les règles de base de l'écoute active sont presque les mêmes que celles des interviews : établir le contact, encourager l'autre à s'exprimer en lui posant des questions, tenir compte de ses réponses, saisir les indicateurs qu'il donne, y réagir de façon appropriée. C'est un moyen sensationnel pour pousser les gens à s'ouvrir et à se dévoiler plus qu'ils ne le feraient normalement.

Dans leurs conversations, la plupart des gens cherchent à prouver qu'ils sont intelligents, influents ou importants. C'est pourquoi ils défendent leurs opinions ou leurs croyances. En conséquence, ils passent plus de temps à réfléchir à ce qu'ils vont dire qu'à écouter. Les conversations peuvent alors se transformer en échanges entre deux personnes qui sont sur la défensive et qui se battent maladroitement l'une contre l'autre. Pour éviter de tomber dans ce travers, on emploiera l'écoute active : c'est une preuve manifeste qu'on s'intéresse à l'autre. On le met à l'aise et on valide ses propos.

Ainsi, il est poussé à en dire davantage sur ce qu'il ressent. Ce processus est un passage obligé vers l'intimité émotionnelle.

Apprenez à réagir et à recevoir les réactions des autres

La connexion est un état d'esprit réciproque : les participants coopèrent et s'encouragent mutuellement à aller plus loin. Si vous avez l'air intéressé et que vous le montrez par vos actes, l'autre supposera que vous l'êtes vraiment. Si vous n'avez aucune réaction, il se dira que ses propos ne vous intéressent pas. Votre comportement décourageant le poussera à vous éviter.

Il est essentiel d'écouter et de réagir, en utilisant votre visage et votre corps. Faites appel à vos yeux et à votre bouche pour exprimer vos sentiments : surprise, plaisir, dégoût, etc. Ne vous arrêtez pas là : haussez les épaules, bougez les mains, esclaffez-vous. Réagissez ! Penchez-vous vers l'autre, signifiez-lui par votre posture que pas un mot ne vous échappe. Hochez la tête et encouragez l'autre à l'aide d'interjections comme : « C'est pas vrai ! » ou « C'est à peine croyable ! » Et n'oubliez pas d'utiliser le pouvoir du silence. Laissez à votre interlocuteur le temps de réfléchir et de s'exprimer. Comme je

> Les gens qui n'ont pas de réaction visible ont l'air ennuyeux, ennuyés ou difficiles à cerner.

l'ai dit, il est instructif d'observer comment les présentateurs de la télé créent une alchimie par leurs questions et leur écoute.

Entraînez-vous à décoder les sentiments d'autrui en observant son langage corporel et ses expressions faciales. Certains ont davantage d'instinct pour ce genre de choses mais, en perfectionnant votre acuité sensorielle, vous parviendrez sûrement à orienter les conversations pour qu'elles soient conviviales et décontractées. Si vous êtes intarissable au sujet de vos aventures en yacht et si vous ne remarquez pas que votre récit donne à votre interlocuteur l'envie de vomir, vous avez encore du boulot à faire sur le plan de la réactivité. Même chose si vous ne laissez pas suffisamment d'espace à la personne qui vous plaît et si, en raison de cela, vous ne parvenez pas à déterminer si elle est à l'aise. (À ce sujet, voir l'encadré sur l'espace personnel présenté au chapitre 8, page 172.)

« Moi aussi » : un formidable déclencheur

Avez-vous déjà eu la satisfaction d'être vraiment compris par quelqu'un ? De pouvoir vider vos tripes sur un sujet qui vous tient à cœur et d'entendre l'autre vous répondre avec empathie : « Je ressens la même chose », ou simplement « Moi aussi » ? Cette formule est une des armes les plus puissantes pour vous rapprocher des autres et pour leur dire que vous avez des points communs avec eux. Dans toute interaction, soyez à l'affût des occasions où vous pouvez dire « Moi aussi » en toute honnêteté.

> Soyez à l'affût des occasions où vous pouvez dire « Moi aussi » en toute honnêteté.

En utilisant ces mots, vous montrez à votre opposé complémentaire qu'il vous complète. Grâce à eux, vous pouvez pousser la conversation plus loin et évoluer vers une connexion plus profonde.

Entraînez-vous à prononcer ces termes chaque fois que le contexte s'y prête. Écoutez l'autre attentivement et ne laissez pas passer la chance de dire ces mots magiques… à condition que ce soit sincère. « J'aime les hot-dogs. » « Moi aussi. » « J'ai dû me garer à des kilomètres. » « Moi aussi. » « Je peux danser la polka après avoir bu un litre de bière. » « Moi aussi. » « Ah oui, vraiment ? »

Analysons maintenant une conversation de la vie quotidienne.

Jean arrive à la banque 10 minutes avant l'ouverture pour déposer un chèque. C'est une magnifique matinée de printemps, il fait frais, et c'est l'heure de pointe. Pour patienter, il achète un café en face de la banque et se balade dans le petit jardin situé à proximité. Il y a deux bancs : l'un est libre, l'autre occupé par une jolie jeune femme vêtue d'une chemise et d'une veste noires. Jean pose son sac à dos sur le banc libre, jette le bâtonnet de son café dans une poubelle et regarde à la dérobée la jeune femme. Il a connu ce genre de situation plus souvent qu'il ne saurait le dire : il aperçoit une femme et la trouve à son goût. Il aimerait l'aborder, mais reste paralysé. Cette fois-ci, c'est différent. Tout ce qu'il a à faire, c'est engager la conversation et voir s'il obtient une réponse encourageante. Le cœur tambourinant, il s'avance vers la femme et dit la première chose qui lui traverse l'esprit.

– Salut. Ça vous dérange si je m'assois ici ?

– Non, allez-y, murmure-t-elle en se déplaçant un peu vers la gauche.

– On dirait qu'il va faire beau. J'attends l'ouverture de la banque. Êtes-vous devant moi dans la queue ? demande Jean sur un ton léger.

– Non. En fait, c'est mon premier jour à l'agence de voyages qui est dans ce bâtiment. J'ai préféré venir un peu à l'avance.

– C'est un quartier agréable. Les bons restaurants ne manquent pas. Je travaille dans cet immeuble.

Jean n'a pas saisi les indicateurs que la femme lui a lancés : premier jour de travail, agence de voyages. Il aurait dû s'en servir pour lui poser de nouvelles questions : « Depuis combien de temps travaillez-vous dans le tourisme ? » Il aurait aussi pu dire : « Premier jour de boulot… Pas trop stressée ? » Il a ignoré une des deux règles essentielles pour établir le contact : être attentif à l'autre. Par ailleurs, avez-vous remarqué qu'il a manqué une occasion idéale de dire « Moi aussi » quand elle lui a appris qu'elle était arrivée à l'avance ?

Adoptons maintenant un point de vue féminin. Tina, une pharmacienne, fait une croisière en Alaska avec son amie Jasmine. En se promenant sur le pont un matin, elle aperçoit un homme séduisant assis sur un banc. Elle prend place à côté de lui et remarque qu'il lit le dernier roman de John Grisham. Elle adore cet écrivain! L'homme lui sourit; elle lui rend son sourire en songeant que, grâce à ce livre, ils ont au moins un point commun.

Cependant, l'homme s'est replongé dans sa lecture. Tina décide quand même de lui parler.

– Vous êtes un fan de Grisham?

– Pas vraiment, lui répond l'homme. C'est le premier livre que je lis de lui.

– Vraiment? Pourquoi?

– Je n'ai pas beaucoup de temps à consacrer à la lecture. Dans mon travail, les horaires sont souvent imprévisibles.

– J'ai lu tous ses livres. C'est un de mes écrivains préférés. J'aime aussi beaucoup Nora Roberts. Elle mêle merveilleusement bien le suspense et les histoires d'amour.

Quelle réponse Tina peut-elle espérer après ça? Elle a d'abord fait l'erreur de poser une question d'introduction fermée; ensuite, elle a conclu leur échange par une série de remarques n'ouvrant sur aucune question. Elle était pourtant sur la bonne voie quand elle a utilisé le mot « pourquoi ». Malheureusement, elle a ignoré les renseignements que l'homme lui a donnés et a continué de parler d'elle. Si elle avait été plus attentive, elle aurait enchaîné en lui demandant: « Quel est ce métier qui vous demande tellement de temps? » Elle aurait ensuite attendu qu'il lui livre de nouveaux indicateurs, qui lui auraient permis de poursuivre la conversation.

Les remarques liées à la situation et au lieu, les questions ouvertes, les indicateurs, la réactivité, l'attention et les déclencheurs sont les clés d'une interaction réussie. Cependant, il en faut un peu plus pour créer une alchimie. Il existe un dernier outil grâce auquel on peut mettre l'autre à l'aise, soutenir la conversation et encourager la connexion : c'est la synchronisation, qui est sans doute la plus efficace des aptitudes sociales.

La synchronisation

Avez-vous remarqué que les membres de couples visiblement épanouis ont tendance à parler, à s'asseoir et à se tenir de la même façon ? Ils ont le même hochement de tête, le même débit et les mêmes intonations. Enfin, ils utilisent beaucoup de termes et d'expressions similaires. Ils sont synchronisés, ce qui renforce l'harmonie et la confiance nécessaires à leur intimité émotionnelle. Ils captent les rythmes et les sourires de l'autre. Bref, ils se reflètent.

Prenons un exemple. J'ai été ravi de recevoir ce petit mot d'une femme qui avait acheté mon premier livre, bien que ce ne soit pas son genre de lecture habituel : « Ç'a été plus fort que moi. Quand je l'ai vu, j'ai su que je ne partirais pas sans lui. » Quelques heures avant de se rendre à un premier rendez-vous, elle a relu la section sur la synchronisation. « Après le souper, nous sommes allés à un concert. Je me suis efforcée de me synchroniser à son langage corporel pendant toute la deuxième partie. À ma grande surprise, j'ai commencé à sentir une forte attirance. Un peu plus tard, il m'a dit qu'il me trouvait séduisante. C'était donc réciproque. En réalité, ce qui le captivait, c'était notre synchronisation. » Une forte attirance... Si ce n'est pas un signe que le courant passe !

Revenons un moment à l'échange entre Michelle et Matthieu, que nous avons analysé au chapitre 5. De toute évidence, Michelle s'est synchronisée au langage corporel de Matthieu. Quand il adoptait une posture, elle faisait de même, naturellement et sans effort. Elle ne s'est pas arrêtée là : elle a adapté son propre langage corporel pour l'inciter à se détendre. Relisez leur entretien pour voir comment elle a procédé.

L'accord et le reflet

Pour être en synchronisation, il est nécessaire de s'accorder à l'autre, c'est-à-dire de faire les mêmes choses que lui (remuer la main gauche quand il remue la main gauche), et de le refléter, c'est-à-dire de se mouvoir comme si on était son reflet dans le miroir (bouger la main gauche quand il bouge la droite). On a tendance à s'accorder à quelqu'un lorsqu'on est assis ou qu'on marche à côté de lui, et à le refléter quand on est face à lui. Il ne faut pas confondre synchronisation et imitation ; il ne s'agit pas de copier l'autre. Les gestes doivent être discrets et respectueux.

Votre interlocuteur vous fait face, dans un café, et il s'appuie sur son coude droit ? Prenez appui sur le gauche. Vous vous tenez tous deux à la rambarde d'un bateau pour admirer le coucher de soleil et il pose ses coudes sur la rampe en croisant les jambes ? Faites de même : vous vous accordez. Si vous êtes assis côte à côte dans une salle de cinéma et s'il se penche vers vous, inclinez-vous vers lui. Ces signaux non verbaux sont essentiels pour que vous vous sentiez à l'aise et pour que vous vous rapprochiez au rythme de votre intimité naissante.

Vous pensez peut-être : « Et si l'autre remarque que j'adopte les mêmes comportements que lui ? » En fait, il n'y verra que du feu, à moins que votre imitation soit flagrante. Si quelqu'un se met le doigt dans l'oreille et si vous faites de même, il serait effectivement étonnant qu'il ne s'en rende pas compte. Cependant, si l'autre est absorbé par la discussion, il ne remarquera pas que vous vous synchronisez à lui. Les gens qui aiment les contacts se synchronisent à autrui en permanence, sans même y penser. Contentez-vous de faire le minimum : je suis sûr que les résultats vous surprendront.

Imaginez la synchronisation ainsi : deux personnes rament sur des bateaux différents, mais en tandem, côte à côte. Elles se dirigent vers la même destination et s'accordent au rythme, aux mouvements et à la respiration de l'autre, afin de conserver la vitesse et le cap. Si vous maîtrisez la technique de la synchronisation, vous serez capable, comme Michelle, d'utiliser ces réflexes pour conduire l'autre sur la route que vous aurez tracée pour lui.

Voici divers éléments avec lesquels vous pouvez vous synchroniser.

Plus il y en a, mieux c'est.

◎ La position du corps et les gestes

◎ L'inclinaison de la tête

◎ Les expressions du visage

◎ L'attitude mentale

◎ Le ton et le volume de la voix

◎ La vitesse d'élocution

◎ La respiration

En quête de points communs

La synchronisation du langage corporel accroît la confiance et l'alchimie. Quant à la découverte de points communs (films, lieux de vacances, restaurants, émissions de télévision, sports, passe-temps), elle donne aux deux personnes concernées l'impression de déjà se connaître et de posséder certaines clés pour se déchiffrer mutuellement. Elles ont des tas de choses à se dire, et ce, sans aucun stress. Si elles décident de sortir ensemble, ces similitudes leur permettront de choisir des sorties et des activités agréables tant pour l'une que pour l'autre.

Relâchez la pression

J'ai eu l'occasion de montrer l'incroyable utilité des points communs à plusieurs centaines de milliers de personnes en participant à une émission consacrée au *speed dating*. Au départ, cette technique constituait un moyen de rencontre destiné aux célibataires de confession juive. En une soirée, les participants rencontraient sept membres du sexe opposé dans le contexte de conversations en tête à tête qui duraient sept minutes chacune. Si un participant se sentait attiré par une des personnes, il écrivait simplement « oui » sur un bulletin secret. Si les deux individus ressentaient la même chose, l'organisme chargé du *speed dating* les mettait en contact. Il existe aujourd'hui une multitude de variantes de cette méthode.

Dans l'émission de télévision à laquelle je participais, une jeune femme avait trois *speed dates* avec autant de célibataires. Ces derniers ne disposaient que d'une minute pour « se vendre ». J'avais pour rôle de les conseiller, de les guider. Le premier individu, un homme élégant et apparemment bien éduqué, a passé les 60 secondes qui lui étaient imparties à éviter tout contact visuel avec la jeune femme ; il a à peine esquissé un sourire et a gardé son cœur à distance. En fait, il a bavardé exclusivement avec ses souliers. Le deuxième volontaire a mis en application les suggestions que je lui avais prodiguées au sujet du contact visuel, du sourire et du langage corporel. De plus, il a posé des questions à sa partenaire pour l'encourager à parler. Ce participant s'en est à l'évidence beaucoup mieux sorti que le précédent, et le public a sans difficulté senti l'amélioration.

Mon seul conseil au troisième célibataire a été le suivant : suivre l'exemple de celui qui l'avait précédé, tout en cherchant à circonscrire les centres d'intérêts communs qu'il pouvait avoir avec la jeune femme. Il a passé le test haut la main. En 15 secondes, ils se sont découvert une passion commune pour le parachutisme. Leur soulagement était visible. Leur langage corporel s'est détendu, des sourires sont apparus sur leur visage. Ils étaient intarissables. La réaction du public a été incroyable : les gens se sont synchronisés au couple naissant, se penchant vers lui, montrant leur enthousiasme et échangeant des sourires.

EXERCICE

Synchronisez-vous en vue d'une rencontre optimale

Des exercices de ce livre, celui qui suit est le plus simple et, sans l'ombre d'un doute, le plus utile pour vous aider à détendre votre interlocuteur. C'est aussi un des meilleurs moyens de retomber sur vos pieds après une première impression un peu mitigée, et de retrouver votre confiance et votre bien-être.

Un petit avertissement : des gens viennent souvent me voir pour me dire qu'ils ont fait cet exercice après en avoir entendu parler à une de mes conférences, et qu'ils ont éclaté de rire en voyant à quel point il était facile de le mettre en pratique. Tâchez de garder votre sérieux !

Voici comment ça se passe : à l'occasion de mes séminaires, j'invite un volontaire sur scène et lui demande de s'asseoir sur une des deux chaises qui se font face à environ deux mètres de distance. Une fois qu'il s'est installé, je prends place sur l'autre chaise et adopte la même position que lui. S'il a les jambes croisées, je croise les miennes. S'il est légèrement penché sur le côté, je l'imite... comme s'il se regardait dans un miroir. Il acquiesce doucement en souriant ? Je fais pareil. Nous sommes en parfaite synchronisation. Ensuite, je lui demande de se lever et de s'appuyer confortablement au dossier de sa chaise. Il s'exécute ; je fais la même chose que lui. À ce stade, nous bavardons 5 ou 10 secondes, puis je croise les bras... et il croise les siens. Je croise les jambes... et il m'imite. Le public le remarque, même si le volontaire n'en a pas conscience. Nous sommes dans une zone de détente et de confiance.

Partie 1 : Synchronisez votre langage corporel

Pendant toute une journée, synchronisez votre langage corporel à celui des gens que vous croisez. Inutile de leur expliquer ce que vous faites ; profitez simplement de l'expérience. Dans chaque cas, prenez conscience des épaules de la personne, de ses bras, de ses jambes et de son torse. Au début, synchronisez-vous aux mouvements les plus visibles : croisement des bras ou des jambes, inclinaison du corps, etc. C'est la méthode la plus rapide pour instaurer la confiance et la communication. Évitez d'en faire trop : faites le minimum de gestes nécessaires pour vous adapter à l'attitude de l'autre.

Partie 2 : Synchronisez-vous, puis désynchronisez-vous

Lorsque vous maîtrisez la synchronisation, exercez-la avec quelqu'un pendant environ 30 secondes, puis arrêtez de l'imiter. Utilisez votre corps et votre voix différemment. Ensuite, synchronisez-vous de nouveau. Répétez ce cycle plusieurs fois. Vous sentirez que le degré de confiance, de concentration et d'intimité diminue considérablement lorsque vous cessez de vous synchroniser, et qu'il connaît un nouvel élan lorsque vous recommencez à le faire.

Nés pour communiquer

C'est par la conversation que les relations prennent racine et fleurissent. C'est par elle et par l'alchimie que les histoires d'amour solides donnent des fruits. Si l'alchimie n'y était pas, vous auriez beau faire, la montagne serait difficile à franchir, et la bataille, souvent perdue d'avance.

Lorsque vous rencontrez quelqu'un dans un champ ouvert, vous devez être capable de vous trouver au moins trois points communs au cours de la première minute de l'interaction. Posez des questions ouvertes, soyez attentif et saisissez les indicateurs qui vous sont offerts. Dans un champ clos, c'est encore plus facile : vous pouvez conclure à votre gré votre entrée en matière par de courtes questions et obtenir un grand nombre de renseignements, vous serrer la main ou vous faire la bise, poser davantage de questions personnelles.

Enfants, nous excellions dans l'art de harceler nos parents et nos professeurs avec nos questions. En grandissant, nous nous sommes abreuvés au flot d'information et de divertissement que les médias nous offrent, et cette curiosité instinctive s'est étiolée. Donnez-lui un petit coup de fouet : ravivez votre curiosité naturelle. Regardez le monde qui vous entoure, découvrez ce qui fait vibrer les autres, demandez-leur leur avis.

Lisez les journaux. Tenez-vous au courant de l'actualité pour pouvoir donner votre opinion sur le sport, les événements récents, les destinations qui ont la cote, le kangourou qui vient d'élire domicile au zoo. Faites des compliments sincères à votre interlocuteur sur sa cravate, ses bijoux, son parfum, puis demandez-lui où il fait ses achats. S'il n'a pas la volonté de s'accorder à votre niveau de conversation, c'est que vous n'êtes pas bien assortis. Si vous n'arrivez pas à vous trouver au moins trois points communs positifs, c'est que l'heure de la sélection-rejet a sonné. Vous devriez sérieusement envisager de passer à quelqu'un d'autre.

Aiguisez vos talents pour la conversation. Apprenez à maîtriser les questions ouvertes, à vraiment prêter attention à l'autre, à bien réagir, à saisir au vol les indicateurs, à guetter les renseignements et à traquer les points communs. En amour, faites de la synchronisation du langage corporel et du ton de la voix votre seconde nature. Vous vous rendrez compte que vous êtes plus naturel et plus détendu au fur et à mesure que vous faites des rencontres et que l'alchimie commence à opérer.

Ça y est ! Vous savez attiser les flammes de la conversation et êtes passé maître dans l'art de la synchronisation. Il est temps de propulser l'alchimie quelques crans plus haut en explorant les feux d'artifice de l'art du flirt.

8

L'art du flirt

Flirter, ce n'est pas qu'un jeu : c'est la base de tout. La survie de notre espèce repose sur les rapports humains. Si nous arrêtons de flirter, de tomber amoureux, de nous reproduire, l'espèce humaine pourra commencer à faire son testament. Bien que la nature nous ait correctement pourvus pour nous protéger de l'extinction, nous ne savons pas tous comment tirer le meilleur parti de nos attributs. Ce phénomène se vérifie particulièrement avec le flirt.

Charline, directrice d'une grande chaîne de vêtements, et Vanessa, kinésithérapeute, arrivent au bar Galápagos, une discothèque populaire. Il est encore assez tôt pour trouver une table au cœur de l'action, avec vue sur le bar et la piste de danse. Très vite, la foule remplit la salle. Les deux femmes portent des tenues à la mode ; elles sont tout à fait dans leur élément. Tout en parlant avec Vanessa, Charline balaie la pièce du regard en jouant avec une mèche de cheveux. Toutes les deux minutes, elle se tortille sur son siège ou pose ses coudes sur la table. Elle laisse sa tête reposer entre ses mains, fait les yeux doux aux clients assis au bar. Elle se trouve sexy... mais elle ne l'est pas. Comme beaucoup de gens, elle confond le fait d'être sexy avec celui d'être mignon. Ses actes ne font qu'accentuer son manque d'assurance et son immaturité.

Vanessa, quant à elle, est posée et pleine d'aisance. La majeure partie du temps, elle accorde son attention à Charline, la tête légèrement inclinée vers l'avant. De temps à autre, tout en sirotant son cocktail, elle balaie la salle des yeux. En fait, elle observe. Vanessa exécute ses gestes deux fois plus lentement que Charline. Elle est confiante et sûre d'elle. Elle dégage une énergie sexuelle assumée.

Vanessa remarque Arthur, un jeune homme qu'elle a récemment croisé à une fête mais dont elle n'a pas vraiment fait la connaissance. Ce soir-là, elle l'a entendu parler d'un voilier aux Bahamas. Elle l'a trouvé charmant et intéressant (elle adore faire du bateau). Il est assis au bar avec quelques amis. Vanessa le garde dans son champ de vision et attend qu'il se tourne vers elle.

Aussitôt qu'il le fait, elle compte jusqu'à trois dans sa tête. Elle s'excuse poliment, se lève et avance avec désinvolture jusqu'à l'escalier qui mène au balcon, juste devant Arthur et ses amis, en balançant légèrement les hanches, la tête un peu inclinée vers l'avant. Puis elle fixe brièvement sa cible. Arthur la remarque. Dès qu'elle s'en aperçoit, elle détourne les yeux avec une fausse timidité. Avant qu'il ait eu le temps de réagir, elle lui jette un autre regard, cette fois en plissant les yeux et en ébauchant un sourire. Arthur a saisi le message.

> La technique de la promesse et du retrait que Vanessa a employée avec Arthur est la pierre angulaire de l'art du flirt. Les hommes et les femmes l'utilisent pour créer une excitation.

Vanessa vient d'employer ce que les scientifiques appellent la technique de la promesse et du retrait. Quant à Arthur, il a utilisé la méthode dite de la réponse à la stimulation. Dans ce genre de situation, le fait de créer une forme d'excitation repose sur l'alternance de la tension et du relâchement, principe essentiel dans des domaines aussi divers que les films d'horreur, les montagnes russes ou la sexualité humaine.

Cette méthode obéit à la dynamique suivante : on donne de l'attention, on cesse d'en offrir, puis on en redonne. Tension, relâchement, tension ; contact visuel, bris du contact, retour du contact. Le fait de regarder quelqu'un n'a pas forcément de signification en soi, mais Vanessa s'est avancée vers Arthur d'une façon provocante, a posé une seconde fois les yeux sur lui, puis a souri en penchant la tête pour suggérer une certaine réserve. La combinaison de ces éléments signale à l'évidence qu'elle s'intéresse à lui. Partout dans le monde, les gens utilisent cette technique fondamentale : la femme approche avec provocation, et l'homme fanfaronne. Le tout est accompagné d'un contact visuel et d'un sourire, pour montrer son intérêt et susciter celui de l'autre.

Vanessa a lancé une invitation tacite à Arthur, qui y répond quelques instants plus tard. Il monte l'escalier jusqu'au balcon, où il peut clairement voir la jeune femme en train d'observer la piste de danse quelques mètres plus bas. Il la regarde dans les yeux, lui adresse un sourire et se présente.

– Un autre verre ? lui demande-t-il.

– Merci, mais… (Vanessa sourit.) Je suis venue avec une amie et nous fêtons sa promotion. Il faut que j'y retourne.

– Très bien, répond Arthur. Pourriez-vous m'inviter à faire la fête avec vous ? En fait, cela me ferait plaisir de vous offrir une coupe de champagne. C'est toujours agréable d'avoir une bonne excuse pour boire des bulles. (Il sourit.)

Même si Vanessa sait que Charline ne verrait pas d'inconvénient à ce qu'il se joigne à elles, elle lui répond :

– C'est très aimable à vous, mais nous nous étions promis de passer une soirée entre filles pour discuter de sujets personnels. (Elle penche la tête et lui jette un bref coup d'œil.)

– Pourquoi pas demain, dans ce cas ? lui demande alors Arthur. Même lieu, même heure… Ou préférez-vous un autre endroit ?

– Désolée, je ne suis pas libre demain, dit Vanessa en riant. Donnez-moi votre numéro de téléphone : je vous appellerai quand j'aurai consulté mon agenda. On trouvera sûrement une date.

En fait, Charline ne s'offusquerait pas si Vanessa discutait un peu plus longtemps avec Arthur. De plus, tout ce que celle-ci a à faire le lendemain soir, c'est sa lessive. Vanessa est tout simplement en train d'intégrer à sa stratégie de flirt le principe universellement reconnu de la rareté.

Le principe de la rareté, ou comment entretenir une aura de mystère

En règle générale, les êtres humains ont plus envie de ce qu'ils ne peuvent avoir que de ce qui leur est accessible. C'est pourquoi un moyen simple de créer du désir consiste à utiliser le principe de la rareté. De quoi s'agit-il ? De donner l'impression qu'on est très recherché.

Les gens (et même les entreprises) ont recours à ce stratagème à tout bout de champ. Notre réaction est si instinctive que nous tombons dans le piège presque chaque fois. Par exemple, il est difficile de réserver une table dans les meilleurs restaurants, mais ce n'est pas forcément dû au fait que toutes les places sont prises. De la même façon, les créateurs de mode ont des idées très précises au sujet des endroits où leurs gammes de vêtements doivent être commercialisées ; ils vendent leurs articles au prix fort, ce qui sert à exclure la plupart des acheteurs. Lorsque la radio, la télévision et les magazines nous bombardent d'énoncés tels que « en fonction des stocks disponibles », « deux articles maximum par client », « série limitée » ou « formule valable cette semaine seulement », ils appliquent le principe de la rareté dans le but de susciter du désir chez les gens.

Comment mettre en application le principe de la rareté

Comment pouvez-vous employer cette technique pour séduire quelqu'un ? En insistant sur votre valeur durant les premières phases de la relation, en donnant l'impression que vous êtes rare, précieux, et qu'avec vous le jeu en vaut vraiment la chandelle.

 On n'a pas toujours ce qu'on veut

Si vous étiez un petit oiseau, vous pourriez vous rendre chez Oggi, un salon de coiffure réputé de Kansas City. Vous seriez bien amusé en découvrant comment la réceptionniste traite les clients :

– Bonjour, salon Oggi à l'appareil.

– Bonjour Marie. Ici Paula Bishop.

– Bonjour Paula. Comment allez-vous ?

– Marie, j'ai une faveur à vous demander. Est-ce que vous pourriez me trouver une place jeudi, à 11 h ?

Marie consulte l'agenda des rendez-vous et voit que cette plage horaire est libre. Pourtant, elle répond :

– Désolée, Paula, on est complet. Cependant, je peux vous trouver un créneau à 10 h 30 ou à midi. Une de ces heures vous convient-elle ?

– Merci mille fois, Marie. Je peux me libérer à 10 h 30. Vous me sauvez la vie. Je serai à l'heure.

En réalité, il est impossible d'avoir un rendez-vous à l'heure voulue chez Oggi, que cette plage horaire soit libre ou non, à moins de réserver plusieurs semaines à l'avance. Pourquoi ? Parce que les gérants ont compris comment fonctionne le principe de la rareté. Ils savent que, lorsque les gens pensent qu'un bien fait l'objet d'une forte demande, leur perception de sa valeur augmente. Et c'est ce qui les pousse à revenir.

Le cartel du diamant De Beers utilise le même stratagème. En régulant de façon très stricte la circulation des diamants dans le monde, il a réussi à créer l'illusion que ces pierres précieuses sont rares et qu'elles valent leur prix. « Les diamants sont éternels » : voilà un slogan bien trouvé. Cependant, la seule raison justifiant leur caractère éternel, c'est qu'on ne peut plus s'en défaire... vu le prix qu'on les a payés.

On n'a pas toujours ce qu'on veut *(suite)*

Quand il y a pénurie d'un bien, ou même quand celui-ci s'avère difficile à obtenir, nous sentons l'urgence de nous battre pour l'avoir, qu'il s'agisse de terrains, de puissance, de faveurs ou de l'affection d'une personne. À l'inverse (et c'est le côté pervers de la chose), de nombreuses études montrent que ce qui semble exister en grande quantité est perçu comme ayant peu de valeur.

Retournons au Galápagos. Au rez-de-chaussée, la discothèque se remplit. Carlos et son neveu Philippe, agent de maintien de l'ordre, viennent d'arriver et s'installent à l'extrémité du bar avec deux bières. Ils ont remarqué Charline, assise seule à sa table.

Elle est encore occupée à siroter son cocktail et à observer les hommes. Son comportement ne les interpelle pas, si ce n'est qu'elle a quelque chose d'instable et de plutôt antipathique. Leurs regards se déplacent vers une autre femme, assise un peu plus loin. Elle aussi est seule à une table. Dana ne joue pas avec ses cheveux et ne se tortille pas pour qu'on voie qu'elle est mignonne. Elle est absorbée dans la lecture du menu. Elle lève les yeux de temps à autre, sans pour autant reluquer les hommes qui passent devant elle.

– Elle est jolie, cette fille, dit Carlos. Qu'est-ce que tu en penses ? Ça fait six mois que tu es célibataire…

Il s'interrompt.

– Est-ce que je t'ai parlé de ma méthode infaillible pour aborder les filles ? Je l'utilisais très souvent quand j'avais ton âge, et ça marchait presque chaque fois. En fait, c'est même comme ça que j'ai connu ta tante Louisa. Dans un premier temps, repère une fille. Ne la regarde pas dans les yeux. Retiens juste l'endroit où elle se trouve. Passe à côté d'elle une fois, mais sans la regarder. Arrête-toi, jette un œil à la salle, puis regarde dans l'autre direction. Assure-toi qu'elle a remarqué que tu cherchais quelqu'un, puis pars. Une minute plus tard, approche-toi de nouveau d'elle et dis-lui : « Je vous cherchais partout. Je vous ai vue dans la queue, et je tenais à vous dire que vous êtes très jolie. Je ne vous drague pas. Je désire simplement vous dire que je vous trouve très belle. »

Philippe rit en secouant la tête, mais Carlos continue :

– Non, écoute, c'est sérieux. À ce stade-là, il se peut qu'elle te dise merci ou autre chose. Contente-toi de t'excuser poliment, puis pars. De cette façon, tu lui prouves que tu es un gentleman. Ça la mettra en confiance. Ensuite, attends à peu près une heure, puis regarde-la encore dans les yeux en souriant. Si tu lui plais, elle viendra te voir. C'est vraiment une bonne technique. Il ne faut pas sous-estimer les compliments.

Philippe rit de plus belle :

– Eh bien, tu as probablement raison : la plupart des femmes ont envie de se sentir jolies et intelligentes. Cependant, les temps ont changé. Les gens de ma génération ne croient pas vraiment aux phrases toutes faites. Si on veut aborder une fille, on improvise et, avec un peu de chance, ça marche. On dit quelque chose comme : « Salut. J'essaie de trouver quelque chose à vous dire parce que j'ai vraiment envie de vous connaître. » Ça semble plus sincère qu'une formule qu'on a lue dans un livre.

– Oui, peut-être, admet Carlos. (Il fait un signe de tête en direction de Dana.) Alors, tu tentes ta chance, oui ou non ?

Entre-temps, Dana a remarqué les deux hommes, qui ont l'air de parler d'elle. Le look du plus jeune lui plaît. Elle se redresse sur son siège, jette un coup d'œil à Philippe tout en inclinant doucement la tête, puis regarde ailleurs.

– Bon, j'y vais, dit Philippe. (Il se lève et aborde Dana.) Salut ! Écoutez, je n'ai pas pu m'empêcher de vous regarder. Je vous prie de m'excuser. Puis-je m'asseoir une minute ?

– Bien sûr, répond Dana en esquissant un sourire. Mais seulement une minute.

– Pourquoi ? demande Philippe en s'installant sur un siège. Son ton est léger. Il ne veut avoir l'air ni fouineur ni agressif.

– Parce que je suis avec une amie et que nous avons beaucoup de choses à nous dire, répond Dana, remarquant que Philippe ne s'est pas encore présenté.

Certains hommes instaurent dans le flirt un rapport de pouvoir, et il y a aussi des femmes qui ne sont pas mauvaises à ce jeu-là...

 Les stratégies trop étudiées nuisent gravement à l'amour

Je ne crois pas aux techniques faussement subtiles (« J'espère que tu connais les rudiments de la réanimation, parce que ta beauté me coupe le souffle. ») La plupart des gens sont immunisés contre elles. Selon le contexte, des questions simples comme « C'est la première fois que vous venez ici ? » ou « Je viens de lire ce livre. Qu'est-ce que vous en pensez ? » ont mille fois plus de chances d'encourager l'autre à s'ouvrir, à condition qu'elles soient sincères et spontanées. Bref, restez vous-même.

Philippe saisit au vol les graines d'information que Dana lui donne. Il espère s'en servir pour poursuivre la conversation sans tomber dans les clichés. Il poursuit sur un ton léger :

– Avez-vous l'une et l'autre vécu toutes sortes d'aventures ces derniers temps ?

– Tout dépend de ce que vous entendez par « aventures », répond Dana en riant. Une de nous deux vient de trouver un superbe appartement, et l'autre vient d'être embauchée pour occuper un poste dont elle rêvait mais qu'elle ne pensait pas décrocher.

Elle croise le regard du jeune homme, puis détourne les yeux.

– Je vois, dit Philippe. Vous, c'est l'appartement ou l'emploi?

– L'emploi.

– Félicitations, dit Philippe avec un sourire.

– Voilà mon amie. (Dana sourit chaleureusement à Philippe.)

Bien entendu, elle pourrait l'inviter à se joindre à elles, mais elle opte pour le principe de la rareté. Philippe lui propose de la rencontrer le vendredi suivant, mais Dana est prise ce soir-là. Il lui demande son numéro de téléphone.

– Je m'appelle Dana, répond-elle. Donnez-moi le vôtre, je vous appellerai.

Non seulement elle a rehaussé sa valeur en montrant qu'elle est occupée, mais elle a désormais les cartes en main pour aller plus loin.

Les 3 types de flirts

L'art du flirt est divisé en trois catégories principales: le flirt public, le flirt social et le flirt intime. Le premier est un moyen spontané, amusant et inoffensif d'égayer la journée de quelqu'un, d'introduire un peu de divertissement dans la vie ou dans une relation routinière, de répandre de la joie autour de soi. Le deuxième (illustré par la conversation de Dana et de Philippe) comprend une petite touche sexuelle. Les protagonistes sont prêts à aller plus loin. Quant au troisième, il est réservé aux tête-à-tête: l'attirance sexuelle y est clairement visible et accroît la capacité des personnes concernées à séduire l'autre en un temps record.

Naturellement, vous pouvez utiliser votre attitude, votre look, votre assurance et votre personnalité pour flirter mais, autant pour les hommes que pour les femmes, l'art de la séduction passe avant tout par la transmission de signaux à l'aide d'un *sex-appeal* maîtrisé.

 L'espace personnel

Nous nous mouvons tous à l'intérieur d'un cocon invisible, défini comme notre espace personnel. Plus une personne en est éloignée, moins elle est menaçante ; plus elle s'en approche, moins nous nous sentons à l'aise... à moins que nous ayons décidé de lui ouvrir notre porte.

Dans chaque culture, l'espace personnel a ses caractéristiques propres. Pour les Occidentaux, la zone de défense est divisée en cercles concentriques commençant à environ trois mètres, au-delà desquels se trouve l'espace public. L'espace social est compris entre l'espace public et la zone située à portée de main. À partir de là s'étend l'espace personnel, qui s'arrête à l'espace intime, c'est-à-dire la zone la plus rapprochée. Celle-ci comprend tout ce qui se trouve à moins de 30 centimètres de la personne. Une des plus grandes erreurs commises à l'occasion d'une première rencontre est de sous-estimer l'espace personnel de l'autre et de déclencher son système de défense émotionnel. Dans certaines situations (métro, escalier mobile plein à craquer, cinéma, avion), les gens parviennent à mettre leur instinct de défense en veilleuse. Cependant, dans le contexte d'un flirt, les sens sont particulièrement aiguisés, et certaines intrusions peuvent être extrêmement désagréables.

Le *sex-appeal* est ce qui distingue les hommes des garçons et les femmes des filles. Les enfants et les ados cherchent à être mignons, mais les adultes, par leur assurance, leur allure et leur mystère, irradient ce qu'on appelle le *sex-appeal*.

Dans le monde de la photographie de mode, on différencie le mignon du sexy, surtout quand la photo qu'on prend sera en couverture d'un magazine et devra attirer l'œil des lecteurs. Le caractère mignon, adorable ou gentil n'est pas pour autant exclu, mais il n'a rien à voir avec le magnétisme du *sex-appeal*. On choisit une fille mignonne pour la couverture de *Cool!*; on sélectionne l'aspect sexy pour celles de *FHM* ou le *Summum*. Le mignon, c'est bon pour les enfants, les ados et les chatons. Avec le sexy, on entre dans la cour des grands.

Le flirt public

D'une certaine manière, nous flirtons tous de temps à autre : en faisant coucou à un bébé, en taquinant nos amis, en surprenant notre compagnon par de petites attentions, en faisant les difficiles, en jouant les faux modestes ou en feignant d'être choqués par un récit un peu osé. Ces comportements sont ludiques et séducteurs, destinés à accroître l'excitation et la curiosité, à susciter une réaction positive. Très souvent, nous flirtons sans en avoir vraiment conscience : avec une cliente à la pharmacie, en plaisantant dans la file d'attente du supermarché. Ce type d'interaction vise à divertir et à faire réagir. Le flirt public est innocent ; il entraîne une sensation de bien-être et encourage le contact.

 Moins, c'est mieux

Si vous avez déjà assisté à une vente aux enchères ou si vous en avez vu dans des films, vous avez sans doute remarqué que les gestes et les expressions des acheteurs professionnels sont extrêmement discrets. Pourtant, ces personnes-là ne passent pas inaperçues. Elles sont sûres d'elles-mêmes, nonchalantes, un peu mystérieuses. Les amateurs, eux aussi, sont faciles à repérer : ils lèvent la main ou brandissent leur programme, de peur de ne pas être vus.

Si vous voulez flirter, ne prenez pas conseil auprès d'amateurs, mais auprès de professionnels aguerris. Ne soyez ni trop insistant ni trop émotif et ne changez pas votre manière d'être pour attirer l'attention. Dans ce domaine comme dans beaucoup d'autres, le minimum peut être très rentable.

Par chance, les occasions de flirter ne manquent pas. Le flirt peut durer quelques secondes ou plusieurs minutes ; il peut avoir lieu au bureau, en voyage, au marché, à l'église, à un match de hockey, dans un bar, à l'occasion d'un mariage ou d'un enterrement. Tôt ou tard, vous déciderez qu'un de ces flirts mérite votre attention. Si vous avez envie de passer à la vitesse supérieure, c'est qu'il est temps de vous attaquer au flirt social.

Le flirt social

Il s'agit d'un moyen convivial et léger de faire savoir à quelqu'un que vous l'avez remarqué et qu'il vous intéresse. Il s'accompagne de remarques comme : « Salut, j'adore votre style. J'aimerais bien vous connaître. »

En général, voici comment nous imaginons ce type de flirt : deux personnes discutent dans un bar. Elles sont très élégantes et dégustent un verre de vin. Gros plan sur les yeux : elles s'envoient des messages évidents, tout en échangeant des mots chargés d'insinuations.

Ce genre de situation existe, bien sûr, mais certaines formes de flirt social sont moins élaborées et tombent moins dans le cliché. L'essentiel est d'établir un lien personnel et de faire ce qu'il faut pour que la mayonnaise prenne : dire de petits mots pour souligner qu'on a du plaisir à être avec l'autre, lui prêter sa veste s'il a l'air d'avoir froid, le frôler ou lui donner de petits coups d'épaule, le complimenter, le regarder à la dérobée.

La femme peut envoyer des messages sexuels en passant légèrement sa langue sur ses lèvres, en suivant avec son doigt la bordure de son col, en jouant avec ses cheveux ou avec ses bijoux ou en passant sa main le long de sa cuisse. Quant à l'homme, il peut réajuster sa cravate, passer sa main dans ses cheveux ou rejeter la tête en arrière.

Apparemment, la frontière est mince entre trop et pas assez. En règle générale, il faut éviter d'émettre des signaux confus ou de promettre plus que ce qu'on veut donner. Faire trop grand étalage de sa sexualité à l'occasion du flirt social peut donner à un individu un côté aguicheur, mignon, voire niais. À l'inverse, en en dévoilant trop peu, on peut s'empêcher de dépasser le stade de l'amitié.

Le flirt en action

Julia est une femme de nature extravertie qui engage facilement la conversation avec des inconnus. Attendant d'embarquer pour un vol en direction de New York, à l'aéroport de Roissy, elle remarque un homme à son goût. Il a l'air d'un artiste qui a les pieds sur terre : tout à fait son genre. Il porte un t-shirt noir et un jean, ses cheveux sont juste assez ébouriffés. Sa sacoche en cuir noir, quoique usée, est de style classique. Il lit le journal. Elle remarque qu'il ne porte pas d'alliance. Elle s'assoit face à lui, à l'intérieur de son espace social, et se met à l'aise. La scène commence.

En ramenant ses cheveux vers l'arrière, Julia se rend compte qu'elle a perdu une de ses boucles d'oreilles. Elle la cherche sur ses genoux, autour de son fauteuil, puis sous les sièges à côté du sien. L'homme remarque son embarras, et Julia le voit sourire : elle a attiré son attention. Elle le regarde dans les yeux et secoue la tête, l'air un peu gêné.

– J'ai dû perdre une boucle d'oreille.

Il lui propose son aide, mais le bijou est introuvable.

Julia se rassoit.

– Vous permettez ? dit l'homme en s'installant dans le fauteuil à côté du sien.

Il sait que le fait de pénétrer dans l'espace personnel ou intime d'une personne peut engendrer de l'embarras chez celle-ci (voir l'encadré de la page 172).

– Vous l'aviez en arrivant ? demande-t-il.

– Je n'en suis pas tout à faire sûre. J'espère que je ne l'ai pas perdue à la galerie.

– À quoi ressemble-t-elle?

Julia tourne la tête, s'approche un peu du jeune homme et tire ses cheveux vers l'arrière pour lui montrer son autre boucle d'oreille.

Après avoir bavardé de tout et de rien avec Julia, l'homme lui propose de le retrouver à New York. C'est sa ville natale, et il connaît tous les endroits agréables.

Elle ne sait pas encore précisément ce que sera son emploi du temps là-bas. Il lui demande son numéro de téléphone. Apparemment, ce n'est pas la première fois que Julia perd une boucle d'oreille à proximité d'un homme sexy! En impliquant le jeune homme dans une situation un peu incongrue, elle a réussi à engager la conversation avec lui, en a appris suffisamment pour s'assurer qu'il lui plaisait vraiment, a provoqué un moment de tension sexuelle (quand elle s'est penchée vers lui pour lui montrer l'autre boucle d'oreille) et s'est arrangée pour qu'il l'invite à sortir avec lui. Si, après quelques échanges, elle ne l'avait plus trouvé à son goût, elle se serait montrée moins avenante et aurait décliné son invitation. Ils auraient continué à discuter de la pluie et du beau temps quelques instants, se seraient souhaité bon vol, puis chacun aurait repris sa route.

💙 Tout le monde peut flirter

Si vous avez l'impression que le flirt est un trop grand défi pour vous ou que vous n'êtes pas assez attirant ou intelligent pour le pratiquer, pas de panique. En général, le flirt a plus à voir avec l'enjouement et l'énergie qu'avec les abdos ou la beauté. La D^{re} Monica Moore, une psychiatre de l'Université du Missouri, à St. Louis, a mené une étude sur les techniques de flirt employées dans les bars, les centres commerciaux et les endroits fréquentés par les jeunes. Elle est arrivée à la conclusion que ce ne sont pas les personnes les plus attirantes physiquement qui se font draguer, mais celles qui annoncent leur disponibilité à l'aide de méthodes très simples, comme le contact visuel et le sourire. Que vous soyez un homme ou une femme, vous ferez la moitié du chemin rien qu'en montrant à l'autre qu'il vous intéresse.

Le flirt intime

Maintenant que nous avons abordé les principes qui fondent l'art du flirt, il est temps de les mettre en pratique par l'intermédiaire du flirt intime. Contrairement à ses pendants public et social, le flirt intime est strictement relatif à la séduction : il ne s'agit pas de flatteries qu'on fait en public, mais de ce qu'on fait quand on est en tête-à-tête.

Lorsque vous êtes en compagnie d'un partenaire potentiel et que l'heure tourne, mieux vaut connaître les rouages du flirt intime et mettre de l'avant votre pouvoir de séduction, sans quoi la relation naissante pourrait rapidement passer au mode « amis ». Considérez la section qui suit comme le Kama Sutra du flirt.

Intensifiez vos vibrations sexuelles

Pour évoluer vers la relation amoureuse, vous devez apprendre à canaliser votre énergie sexuelle et à en faire un aspect de votre personnalité. C'est intimidant ? En fait, c'est du gâteau, du gâteau coupé en quatre parts que j'appellerai la maîtrise du corps, l'éloge de la lenteur, la part des yeux et le rendez-vous test.

La maîtrise du corps

Il s'agit ici d'apprendre à connaître votre corps à l'aide d'exercices. C'est une nécessité, car la sexualité est intimement liée au physique et au moi instinctif.

Peut-être pratiquez-vous déjà une activité physique dans le cadre de votre programme de socialisation. Si tel n'est pas le cas, inscrivez-vous à différents cours : parachutisme, kick-boxing, danse orientale, yoga, tango. Toutes les activités conviennent, pourvu que vous y engagiez votre corps à 100 %. Consacrez une ou deux heures par semaine aux exercices que vous aurez choisis. Trouvez un bon professeur. Il sera votre allié dans l'apprentissage de l'écoute de votre corps.

Pour qu'un flirt intime soit concluant, il vous faut être profondément, viscéralement sensible à la dimension physique de votre personnalité.

Si vous faites du sport en solo, évitez les distractions. Ne regardez pas la télévision en courant sur un tapis roulant, n'écoutez pas de la musique en faisant du jogging. Concentrez-vous sur votre bassin, votre abdomen, puis votre thorax et enfin votre gorge, avant de redescendre à votre bassin. Cela activera votre énergie sexuelle.

EXERCICE

Les hommes fanfaronnent, les femmes se déhanchent

Si vous n'avez jamais vu *Saturday Night Fever* (je m'adresse ici à monsieur), vous avez raté la meilleure scène jamais filmée pour épater la galerie : le célèbre passage où John Travolta marche dans la rue au son de la chanson *Stayin' Alive,* des Bee Gees. Louez le film et achetez-vous les sous-vêtements les plus chers et les plus sexy que vous pourrez trouver (je vous expliquerai pourquoi un peu plus loin). Regardez le film, enfilez vos nouvelles bobettes (et, bien sûr, le reste de vos vêtements), puis sortez vous pavaner. Promenez-vous dans la rue ou dans un centre commercial en souriant et en fredonnant intérieurement *Stayin' Alive*. Essayez d'établir un contact visuel avec toutes les femmes attirantes que vous croiserez. Continuez jusqu'à ce que vous soyez convaincu que vous êtes l'homme le plus sexy du quartier. Une seule consigne : de la sobriété avant tout !

Madame, achetez le disque *Girls Just Wanna Have Fun*, de Cindy Lauper (ou un équivalent), et le string le plus sexy que vous pourrez trouver. Enfilez-le (ainsi que vos autres vêtements), puis allez vous promener d'un pas nonchalant. Allez faire un tour au bureau ou au centre où vous pratiquez des activités. Fredonnez intérieurement cette chanson, baissez très légèrement la tête, cherchez le regard des gens et souriez à ceux qui attireront votre attention.

Cet exercice est indispensable. Vous devez mettre de l'avant votre potentiel sexuel si vous voulez avoir une connexion profonde avec quelqu'un. Si vous n'arrivez pas à sentir votre *sex-appeal*, qui le sentira?

Au fait, pourquoi vous ai-je demandé d'acheter des dessous sexy? Parce que vous aurez sur le visage le petit air qui dit: « J'ai un secret! » Il est même mieux de vous en procurer deux: vous porterez l'autre lorsque vous sortirez avec votre opposé complémentaire. Voilà qui devrait vous donner le sourire!

L'éloge de la lenteur

Dans l'anecdote du début du chapitre, vous avez remarqué que les gestes de Vanessa étaient deux fois plus lents que ceux de Charline. Vanessa prenait son temps. Elle maîtrisait parfaitement sa respiration, ce qui est un formidable outil pour se calmer et se détendre. Cela permet de maîtriser son esprit et son corps, d'asseoir sa puissance et son énergie.

Quand on aborde quelqu'un ou qu'on sort avec lui, on peut se sentir tout à coup nerveux, anxieux ou inadapté, avoir une envie impérieuse de partir en courant. C'est dû au fait qu'on est passé en mode panique: le mécanisme de lutte ou de fuite s'est mis en branle. Lorsque ce dernier capte des messages d'anxiété ou de mal-être, il pompe de l'adrénaline et limite la respiration à la zone de la poitrine, comme si on s'apprêtait à courir un sprint. L'autre peut s'en rendre compte et être à son tour gagné par ce mal-être. La situation se trouve alors mal engagée.

C'est pourquoi il faut garder son calme. Pour cela, on doit pratiquer la respiration ventrale (ou diaphragmatique). Je ne m'aventurerai pas sur ce vaste terrain. Pour être bref, lorsqu'on respire en sortant le ventre, le diaphragme est poussé vers le bas, ce qui permet aux poumons de se remplir. On augmente ainsi la quantité d'oxygène dans son sang et on sollicite moins son cœur. Par conséquent, l'impression de panique retombe. On peut de nouveau s'engager totalement dans la séduction de sa moitié potentielle, sans avoir les mains moites et le souffle court.

La respiration diaphragmatique est le mode de respiration le plus efficace. Il a une action de massage sur les organes abdominaux, ce qui améliore la circulation sanguine. Prenez l'habitude de l'utiliser pour accroître votre bien-être émotionnel et physique. Au cours des prochains jours, chaque fois que vous en aurez l'occasion, posez une main sur votre thorax, l'autre sur votre abdomen, et entraînez-vous à inspirer et à expirer jusqu'à ce que seule bouge la main placée au niveau du nombril.

La part des yeux

Le sens actuel du mot « flirt » (en anglais, agiter, remuer vivement, puis badiner, être inconstant) remonte au XVIIIᵉ siècle. À cette époque, en Angleterre, Lady Frances Shirley aurait employé l'expression *fan-flirts* pour décrire les femmes qui agitaient leur éventail (tout en faisant un mouvement évocateur des yeux et de la bouche) afin de séduire les hommes et de leur lancer des signaux sexuels. L'utilisation de l'éventail en public a disparu, mais l'art du flirt nécessite toujours de savoir faire de l'œil.

Le flirt commence avec les yeux car, comme dans la majeure partie de la communication directe, les signaux qu'on envoie à l'autre prennent la même direction que le regard.

On peut aussi flirter à l'aide de sa bouche (en souriant, en faisant la moue), de sa personnalité, de sa timidité, de sa fausse réserve ou de son sens de l'humour. On peut utiliser le langage, ou porter un aliment ou un verre à sa bouche d'une façon évocatrice. On peut flirter au travail ou pour le plaisir, avec ou sans but.

Les possibilités sont infinies, mais un point reste le même : faire de l'œil à l'autre est la première étape.

Ceux qui ont leur permis de conduire connaissent la conduite de nuit et le passage des feux de route aux feux de croisement. On passe d'un faisceau dirigé droit vers l'avant et éclairant loin à un faisceau légèrement moins intense, un peu plus étendu, éclairant l'espace situé juste devant la voiture. On évite ainsi d'éblouir les gens qui viennent dans l'autre sens. On les prévient qu'on les a vus et qu'ils peuvent poursuivre leur route sans danger.

Vous pouvez faire la même chose à l'occasion d'un rendez-vous; c'est même une obligation. La technique la plus irrésistible et la plus sensuelle dans le domaine du flirt intime consiste à instaurer un contact visuel avec votre partenaire. Une fois qu'il est établi, dirigez votre regard toutes les 5 à 10 secondes vers sa bouche.

C'est ainsi que les « flirteuses à l'éventail » avaient l'habitude de séduire leurs prétendants. Dans un premier temps, elles utilisaient cet accessoire pour dissimuler leur bouche et ne dévoiler que leurs yeux (elles plongeaient leur regard dans les yeux de l'homme convoité, puis l'orientaient vers sa bouche, et enfin, le regardaient de nouveau dans les yeux). Dans un deuxième temps, toujours en le fixant, elles abaissaient leur éventail afin de révéler leur propre bouche, tout en dirigeant leur regard vers celui de l'homme. Le doux battement de l'éventail leur permettait d'intensifier la connotation sexuelle de ce petit jeu. Après un moment chargé d'émotion, elles couvraient de nouveau leur bouche de l'éventail et replongeaient leurs yeux dans ceux de leur soupirant.

Essayez! En inclinant légèrement la tête au bon moment, vous exécuterez une charmante symphonie de langage corporel que votre partenaire interprétera comme une invitation.

Un regard qui en dit long

« Il a suffi d'un regard », chantait Frank Sinatra dans Stranger in the Night. Comme il avait raison ! Le fait de poser lentement les yeux sur une personne dans une pièce surpeuplée ou de la fixer en vous dirigeant lentement vers elle signifie clairement qu'elle vous intéresse. Rappelez-vous que nous parlons ici de regarder l'autre et non de le dévisager ou de prendre un air ahuri.

Dans le contexte d'une étude destinée à déterminer les effets du contact visuel sur le sentiment amoureux, des chercheurs de l'Université Clark, au Massachusetts, ont demandé à 48 paires d'inconnus des deux sexes de se regarder dans les yeux pendant différentes durées. Les sujets ont rapporté qu'ils avaient éprouvé de forts sentiments d'affection, voire d'amour passionné.

L'éventail n'est plus de rigueur, mais le va-et-vient du regard entre les yeux et la bouche de votre partenaire reste une technique de séduction essentielle. C'est un geste extrêmement subtil, mais ne vous y trompez pas : le signal sexuel qu'il émet est évident.

Il est important de maîtriser l'art du contact visuel. Entraînez-vous avec quelques personnes que vous connaissez bien. Prenez conscience de votre corps, pratiquez la respiration ventrale, synchronisez votre langage corporel à celui de l'autre et faites-lui de l'œil en lui parlant.

Le rendez-vous test

Vous n'iriez pas passer un examen de conduite sans avoir suivi de cours, n'est-ce pas ? Vous ne prépareriez pas non plus une pâtisserie élaborée pour votre oncle préféré sans avoir pris soin de tester la recette. Alors pourquoi iriez-vous à une première rencontre sans vous être entraîné ? Le rendez-vous test s'inscrit dans cette optique.

Organisez deux ou trois rendez-vous tests avec des gens qui vous mettent à l'aise : un ami, un frère, une sœur. Une consigne : ne choisissez pas une personne avec laquelle vous avez un type de comportement bien établi, car vous risqueriez de l'adopter instinctivement. Ces essais sont destinés à affûter vos nouveaux talents et à évaluer les techniques que vous maîtrisez (et celles qui demandent encore une mise au point), sans avoir à subir l'anxiété inhérente à un vrai rendez-vous. Plus vous vous entraînerez à ce genre d'échange, plus vous y excellerez. Vous devriez faire au moins deux tests avant de tenter une sortie avec un compagnon potentiel. Voici quelques lieux propices à ce genre d'entraînement : une salle de quilles, un zoo, une exposition, un cours de poterie, une salle de billard.

Retournez dans ce genre d'endroits au moment de votre véritable première rencontre. Vous pourrez y pratiquer une activité qui contribuera à briser la glace. Vous n'en serez pas encore au stade de la séduction ni de la demande en mariage, mais vous devrez amener votre partenaire à faire naturellement preuve de chaleur et de tendresse. Pensez à lui poser beaucoup de questions et à lui livrer des renseignements personnels. Guettez les occasions qu'il vous donne de dire : « Moi aussi. » Tentez un ou deux frôlements. Comportez-vous en adulte, ayez pleinement conscience de votre corps et de votre sexualité, entraînez-vous au contact visuel, à la respiration ventrale, à la synchronisation. Prenez-y du plaisir et, surtout, veillez à ce que la conversation reste animée et positive.

Parlez le même langage

Un des meilleurs moyens de vous accorder avec une personne consiste à donner le même sens qu'elle au monde extérieur. Il s'agit de capter par vos sens des renseignements sur l'environnement proche, puis de transformer ces expériences sensorielles en mots.

Au quotidien, nous nous fondons principalement sur trois sens : la vue, l'ouïe et le toucher.

Durant son enfance, chaque être humain commence à acquérir un sens dominant, qui sera son principal outil pour décrypter le monde. Certains se fient à l'apparence des choses, d'autres aux perceptions auditives qu'ils en ont, d'autres encore aux sensations physiques qu'elles provoquent chez eux.

 ## Quels lieux choisir pour un rendez-vous ?

Il est primordial que la personne de vos rêves et vous puissiez vous parler au cours d'un rendez-vous galant. Excluez donc les activités bruyantes, comme les événements sportifs, ainsi que les activités silencieuses, comme le cinéma. Lorsque vous organisez une sortie, posez-vous ces **4 questions** :

1. Est-ce un endroit où l'autre se sentira en sécurité ?

2. Est-ce une activité qu'il appréciera ?

3. Est-ce un endroit où il sera possible de parler ?

4. Est-ce original ?

Il s'agit d'une sortie très spéciale. Par conséquent, il faut que ce moment soit unique pour les deux personnes. Un rendez-vous ordinaire peut avoir lieu n'importe où mais, dans le cas d'une première rencontre, il faut trouver un lieu original.

N'oubliez pas : si vous avez rencontré votre opposé complémentaire, il est possible que ce rendez-vous reste à jamais gravé dans votre mémoire. Essayez d'en faire quelque chose d'unique.

Les opposés complémentaires ont souvent des sens dominants différents. Voici un exemple illustrant l'importance de bien connaître les trois types de préférences sensorielles pour qui cherche à séduire une personne.

Victor se dit qu'il pourrait relire ses notes pour sa conférence du lendemain dans un café, au bord de la mer, plutôt que dans son bureau. Il se rend donc dans un de ces établissements. Il est assis sur une terrasse. Il tente d'éviter de se laisser distraire par le défilé des passants, qui vont et viennent sur des patins à roues alignées ou qui promènent leur chien.

Jeanne, une étudiante qui vient régulièrement dans cet endroit au printemps, est assise à la table d'à côté et révise ses notes pour les examens qui auront lieu dans quelques jours.

Le serveur arrive. Jeanne commande un double expresso et un morceau de gâteau aux amandes. Sans s'en rendre compte, Victor demande la même chose. Le serveur le remarque et s'en amuse en silence. Quand il revient, il place la commande de Jeanne devant elle en disant : « Un double expresso, un gâteau aux amandes », puis il passe à la table de Victor et prononce exactement la même phrase, sur le même ton. Victor et Jeanne échangent un regard amusé.

Un peu plus tard, le serveur est de retour. Victor commande un autre café et profite de l'occasion pour se pencher vers l'étudiante :

– La même chose ?

– Non merci. Peut-être plus tard, répond-elle en souriant.

Après avoir passé une heure à flirter légèrement par des regards croisés et des sourires, ils entament une vraie conversation. La journée touche à sa fin. Victor prend son courage à deux mains et décide de s'aventurer un peu plus loin. Même s'il n'en a pas conscience, c'est un visuel, un individu qui réagit aux stimuli extérieurs en se fondant sur l'apparence des choses.

– Ça vous tente de descendre sur la plage pour admirer le coucher du soleil ? suggère-t-il. J'adore voir le ciel changer de couleur en quelques minutes et les lumières des cafés s'allumer quand la nuit tombe. C'est vraiment magnifique.

– Je ne crois pas ressentir cela de la même manière que vous, répond Jeanne. Je préfère réviser encore un peu pour être à l'aise le jour des examens.

Elle a employé le mot « ressentir » et l'expression « être à l'aise ». Serait-ce qu'elle a du mal à se fier à la vision que Victor a tenté de lui donner de la mer au crépuscule ? Si oui, pourquoi ? Parce qu'elle est tactile. Elle se fie aux sensations physiques que lui procure son environnement et prend ses décisions en fonction d'elles. Jeanne est une kinesthésique.

Par chance, Victor, qui a lu quelques ouvrages sur les façons de percevoir l'environnement, n'est pas insensible au choix de mots de Jeanne. Il remarque aussi qu'elle porte des vêtements amples et confortables. Son débit est plutôt lent, elle regarde souvent le sol quand elle réfléchit. Pour gagner son cœur, il doit lui parler de ce qu'elle ressentira et non de ce qu'elle verra en se promenant sur la plage au crépuscule. Il tente une autre approche.

– Vous savez ce que je préfère sur la plage, à cette heure-ci ?

– Non, quoi ?

– La douceur du sable et la caresse des vagues sur mes chevilles ; la brume tiède et salée qui m'enveloppe. Vous voyez ce que je veux dire ?

Jeanne incline la tête et sourit.

– Hum… C'est vrai que je mérite une petite pause. Pourquoi pas ? (Elle ferme ses livres et les met dans son sac à dos.) Attendez-moi une minute, je vais me rafraîchir.

Si Jeanne avait été auditive plutôt que kinesthésique, son regard aurait eu tendance à se tourner à gauche ou à droite (en direction de ses oreilles) quand elle réfléchit et elle aurait souvent fait allusion à la dimension sonore des choses. Dans cette situation, Victor aurait pu l'inviter à aller se balader sur la plage en lançant une proposition comme : « Vous savez ce que je préfère quand je me promène sur la plage ? Le bruit des vagues qui se brisent sur le sable, le léger sifflement des planches de surf au bord de l'eau, les cris des mouettes au-dessus de ma tête et les notes de musique qui s'échappent des cafés. »

En vous adaptant au sens dominant de l'autre, vous parlez non seulement son langage, mais vous regardez aussi le monde avec les mêmes yeux, l'entendez avec les mêmes oreilles et vous laissez guider par les mêmes sensations. C'est un atout qui vous permettra de gagner des points.

Comment repérer le sens dominant des gens ?

Les visuels ont tendance à porter des tenues impeccables, à être vifs et à choisir des vêtements qui font de l'effet ; ils sont enclins à juger les autres d'après leur apparence. Ils prennent leurs décisions rapidement, mais ont besoin de « voir pour croire ». Ils dirigent souvent leurs yeux vers le haut et sur les côtés lorsqu'ils cherchent des réponses. Ils agitent fréquemment les mains en parlant. Leur ton monotone et leur débit rapide viennent de la zone supérieure du corps. Ils emploient un langage imagé, rempli d'expressions comme « Je vois ce que tu veux dire », « Ç'a l'air », « Cette idée n'est pas claire », « Je suis dans le flou », « Essayons de mettre en lumière », « Regarde les choses sous cet angle ».

Les auditifs, eux, sont détendus et s'habillent avec style. Ils ont une voix mélodique, lisse, fluide et expressive, qui part de la zone de la poitrine. Ils font moins de gestes que les visuels, mais ont tendance à regarder sur les côtés (en direction des oreilles) quand ils réfléchissent à ce qu'ils vont dire. Ils incluent dans leur langage des expressions relatives au monde sonore, comme : « J'entends bien ce que tu veux dire », « Il y a eu un déclic », « Mon petit doigt me dit », « Vous devriez accorder vos violons ».

Quant aux kinesthésiques, ils sont ancrés dans l'univers des sensations physiques et du toucher. Ils portent des vêtements confortables et aiment évoluer dans un environnement où ils se sentent à l'aise. Nombre d'entre eux ont une silhouette plutôt enrobée, mais on compte aussi des athlètes dans leurs rangs. Leur débit est lent, leur voix et leurs gestes dégagent un sentiment de sérénité. Ils ont tendance à regarder le sol quand ils réfléchissent. Ils prennent leur temps pour se décider, sont attentifs aux détails et emploient un langage axé sur les sensations physiques, comme : « Ça fait tout drôle », « Je saisis le concept », « Accrochez-vous », « Il a mis le doigt sur quelque chose ».

Ne vous forcez pas

Au cours d'une étude menée à l'Université de Princeton, on a interrogé des étudiants des deux sexes sur leur façon d'évaluer les gens qu'ils rencontraient pour la première fois. Selon les sujets, une des caractéristiques les plus repoussantes est un trop grand enthousiasme. Vous avez compris le message ? Ne souriez pas trop, n'essayez pas de faire de l'esprit à outrance, ne vous montrez pas trop poli et, quoi qu'il arrive, résistez à la tentation d'être condescendant. Si vous en faites trop, vous ne serez pas pris au sérieux. Bien entendu, le fait de vous montrer amical est un atout, mais il vous faut éviter d'avoir sans cesse l'air extatique. Les gens qui sourient trop manquent d'assurance et peuvent avoir l'air ridicule.

N'oubliez pas : flirter doit rester un plaisir

Certaines personnes sont nées pour flirter, d'autres ont des talents naturels qui semblent se manifester en fonction des circonstances, d'autres encore se sentent totalement démunies et ont besoin d'une petite mise au point. Une chose est sûre : nous avons tous ce potentiel. Le flirt peut faire évoluer une conversation banale vers des sujets plus profonds ou créer une attente signifiant : « Ça se passe entre toi et moi. » Nous pouvons flirter avec nos yeux, notre bouche, notre corps, notre voix, notre *sex-appeal,* nos paroles et nos sens.

Pour le flirt public, tout se joue sur le plan de l'attitude : la sobriété est de mise. Chaque jour, nous croisons des gens d'horizons divers à peu près partout où nous allons : bar, autobus, cours. Il est crucial de sourire, d'établir un contact visuel et de saluer les autres. Le flirt social, lui, est fondé sur la technique de la promesse et du retrait. C'est un moyen amusant de montrer à quelqu'un qu'il nous intéresse. Quant au flirt intime, il représente la phase d'intensification du jeu de la séduction. Truffé de sous-entendus sexuels, il entre en scène quand nous cherchons à inspirer des sentiments amoureux à un être particulièrement cher. Si vous savez flirter avec subtilité, vous serez irrésistible.

9

En route vers l'intimité

Jusqu'à présent, nous avons cherché à comprendre les signaux non verbaux qui transmettent la confiance, le bien-être et le respect : contact visuel, sourire sincère, langage corporel ouvert, réactions physiques adaptées et synchronisation. Ces éléments comptent énormément, car l'intimité ne survient jamais rapidement, à moins d'établir un rapport non verbal avec l'autre. Nous avons également appris comment déceler, par l'intermédiaire du langage, des bases communes à partir desquelles nous pouvons tisser des liens. Nous nous consacrerons maintenant aux subtilités de la conversation et apprendrons à l'utiliser pour accéder à l'intimité.

Direct au cœur

Une conversation cœur à cœur, au cours de laquelle deux personnes partagent leurs expériences, leurs idées, leurs espoirs, leurs rêves et leurs sentiments : voilà la seule façon vraiment valable d'engendrer une intimité émotionnelle. La proximité et la confiance partagée évoluent vers la merveilleuse sensation d'être « tous les deux contre le monde entier », fondement absolu de toute histoire d'amour. Ce sentiment instaure la compréhension et l'harmonie, et conduit rapidement à un amour et à un attachement profonds.

Les confidences sont l'élément essentiel de cette intimité. En bref, il s'agit de la révélation de détails personnels : histoire personnelle, opinions, aspirations, rêves, émotions. Cela ne doit pas être à sens unique. Le but est que l'autre révèle des renseignements de la même teneur, comme ç'a été le cas pour les couples de l'expérience réalisée par le Dr Aron (voir page 13). On dit quelque chose de personnel, puis l'autre en fait autant. Le moyen le plus simple d'encourager ce type d'échange consiste à synchroniser son langage corporel et le ton de sa voix à ceux de l'autre, et de réagir aux propos de celui-ci. La synchronisation instaure la confiance et le bien-être ; les confessions mutuelles permettent aux deux personnes de se sentir véritablement comprises.

L'intimité émotionnelle comporte deux composantes essentielles : la prise de risque et l'engagement. La première renvoie au risque que vous prenez en vous ouvrant à l'autre, et la seconde, au fait que vos émotions commencent à fusionner parce que vous vous invitez mutuellement dans vos jardins secrets. Prenons l'image des doigts. Si vos doigts sont refermés sur vos paumes, vous pouvez uniquement placer vos mains l'une contre l'autre ; s'ils sont dépliés, vos mains peuvent s'agripper fermement l'une à l'autre. Ce chapitre vous enseignera comment « ouvrir votre main émotionnelle » et mêler vos doigts à ceux de votre partenaire potentiel. Une partie du processus consiste à vous confier mutuellement l'un à l'autre. Bien sûr, ce n'est pas sans risque, mais plus vous accepterez de vous dévoiler, plus grande sera votre confiance.

♥ Les menteurs

Je ne saurais dire combien de fois j'ai entendu des gens se retrancher derrière des mensonges éhontés à l'occasion d'une première rencontre : « Je dirige plusieurs sociétés » ; « Je suis sur le point de signer un contrat avec une maison de disques » ; « Michael Douglas est un ami proche » ; « J'ai 29 ans. » Ce genre de comportement tout à fait méprisable se produit aussi bien dans la vraie vie que sur les sites de rencontre en ligne. Tôt ou tard, la personne que vous cherchez à impressionner se frappera à la réalité, et vous serez démasqué. Une seconde chance ? Jamais de la vie.

En général, les confidences à faible risque englobent les renseignements que vos amis proches connaissent : vos goûts, le nombre de vos frères et sœurs, vos loisirs, votre jeu de société préféré, la chose la plus ridicule que vous vous soyez achetée. Vous pourriez par exemple dire que vous êtes l'homme le plus heureux du monde quand vous jouez les mécaniciens sur votre auto ou que vous êtes nul pour raconter des blagues.

Il y a prise de risque moyen lorsque vous dévoilez des choses que vous gardez généralement pour vous : vos opinions, vos rêves, vos aspirations, vos jugements (positifs comme négatifs), les bons et les mauvais choix que vous avez été amené à faire. Vous pourriez par exemple raconter la bêtise qui vous a valu votre plus grosse punition dans votre enfance, parler d'un aliment dont vous raffolez, dire ce que vous aimez faire pour vous évader un peu. Grâce à ce genre de révélations, l'autre et vous percevez mieux votre compatibilité éventuelle. Vous pouvez déterminer s'il vaut la peine de passer plus de temps ensemble et s'il est possible que naisse une confiance mutuelle.

Les confidences à haut risque sont rarement abordées au cours d'une première rencontre. Elles engagent le partage de sentiments extrêmement profonds, voire de peurs et d'angoisses. Par exemple, vous pourriez révéler qu'il vous arrive de vous demander si les autres vous trouvent intéressant ou avouer que vous avez toujours été le mouton noir de la famille. Quand vous prenez de tels risques, vous abandonnez généralement le ton enjoué des confessions à faible ou à moyen risque. Vous devenez plus sérieux. Cela peut engendrer une confiance et un attachement sincères, mais attention : ce n'est pas pour rien qu'on dit de ces confidences qu'elles sont à haut risque ! Réfléchissez bien avant de révéler des détails intimes. Ils pourraient repousser une personne qui en est encore au stade de la découverte de votre personnalité. N'oubliez pas : vous êtes en train de construire une relation profonde, et votre objectif est que l'autre (qui est d'ailleurs peut-être votre opposé complémentaire) ait envie de s'investir sur le plan émotionnel.

Quelques règles élémentaires

Lorsque vous sentez que le moment est venu de révéler des détails intimes à l'autre, ayez certains sujets en tête plutôt que de faire n'importe quelle confidence. Rappelez-vous : la personne avec qui vous sortez est encore en mode sélection-rejet. Vous devez la séduire, pas la dégoûter. Choisissez trois ou quatre thèmes qu'elle pourrait comprendre ou dans lesquels elle pourrait se reconnaître. Le moment venu, abordez-en un et observez l'accueil qu'il reçoit. Une réaction positive ? Passez au sujet suivant et partagez vos réflexions, en laissant l'autre faire de même.

Ces **4 règles** élémentaires vous seront utiles :

1. Avancez à tâtons, en tenant compte des réactions de l'autre. Le rythme de la conversation doit être naturel et fluide : pas de surprises, pas de déclarations fracassantes. Par ailleurs, l'ambiance doit demeurer animée.

2. Interrogez-vous au préalable sur les sujets que vous aborderez. Le partage de vos expériences (voyages, aventures) est sans doute la forme de confidence la plus inoffensive. Le partage de vos idées engage plus de risque. La discussion pourrait en effet s'envenimer si vous abordez des questions épineuses de politique, de religion ou de valeurs. Enfin, il n'existe pas de confessions plus risquées que celles qui touchent les sentiments. Optez pour la prudence et la modération.

3. Parlez à tour de rôle. Quand une des deux personnes fait une confidence, l'autre doit réagir sur le même plan. En effet, lorsque vous révélez des détails intimes, vous demandez implicitement à votre partenaire de vous renvoyer la balle. Intervenez quand la balle est dans votre camp, en cherchant à renforcer vos points communs et à repérer vos similitudes. Quand vous cessez de parler, détournez brièvement les yeux. Ainsi, vous montrez que vous avez fini. En posant de nouveau les yeux sur votre partenaire, vous l'invitez à prendre la parole. Il comprendra le message.

4. Ne vous précipitez pas. Le processus de la confidence est comparable à un strip-tease émotionnel, sauf qu'aucun des protagonistes ne se dénude totalement. Personne ne s'attend à ce que vous ouvriez les vannes de vos émotions pour tout décharger en même temps. La plupart des gens ne sont prêts à révéler qu'une certaine quantité de renseignements dans un premier temps, de même qu'ils ne sont prêts à entendre qu'une certaine quantité de révélations de la part de l'autre.

Quand l'intimité devient trop grande...

Les confidences sont la clé de l'intimité, mais la frontière est mince entre le fait de mettre votre âme à nu et celui de vider votre sac. Gardez-vous de révéler tout détail potentiellement embarrassant. Ce n'est pas le moment d'évoquer les sommes faramineuses que vous dépensez chaque semaine en billets de loterie, de révéler que votre mère est cleptomane ou que les oignons que vous avez aux pieds vous empêchent de trouver des souliers confortables. Surtout, n'évoquez jamais vos conquêtes ou vos aventures sexuelles précédentes, du moins jusqu'à ce que ce soit vraiment sérieux. Même à ce stade, gardez un ton léger lorsque vous en parlez. Une discussion sur votre passé amoureux pourrait vite engendrer des comparaisons et de la compétition. L'autre pourrait se sentir menacé.

 Comment vaincre le trac

La nervosité peut vous pousser à en dire trop. Vous êtes en proie à l'anxiété ? Essayez de trouver un autre terme pour décrire votre état. « Excitation », c'est déjà beaucoup mieux. Calmez-vous en faisant quelques exercices de respiration ventrale, puis manifestez votre « excitation » par un sourire. Dites-vous : « Hé ! Je suis super excité. Quelle chance ! »

N'oubliez pas le principe de la rareté et abattez vos cartes l'une après l'autre : un soupçon de mystère ne peut nuire à une relation amoureuse. En en disant trop, vous risqueriez de rompre le charme, de faire ressortir vos points faibles et de passer pour une personne pathétique, ennuyeuse, bref, tout sauf sexy. À l'inverse, si vous parlez trop peu, vous finirez par perdre votre aura de mystère, et l'autre vous prendra tout simplement pour un casse-pieds. Vous pourriez même avoir l'air arrogant, ce qui est tout aussi repoussant que d'être un moulin à paroles.

 ## Les présentateurs de la télé sont de vraies mines d'or

Vous voulez tout savoir sur les différents modes de conversation ? Regardez des émissions de débat. Vous remarquerez à quel point les présentateurs sont habiles pour animer une discussion. Essayez de circonscrire des catégories de conversation (banalités, blagues, discussions à faible ou à moyen risque), puis déterminez les moments où le discours passe d'une catégorie à une autre. La plupart des animateurs sont capables de passer du mode de la discussion courante à la répartie humoristique au cours des 5 ou 10 premières secondes d'échange avec un invité.

Grâce à ces émissions, vous pouvez vous entraîner à l'art de la conversation sans avoir à mettre le nez dehors. Cependant, n'oubliez pas que, dans ce genre d'émissions, les confidences ne sont pas réciproques. Il existe quelques exceptions : pensons à la fois où Julia Roberts s'est assise de manière à faire face au présentateur américain David Letterman plutôt qu'au public. Elle a pris le parti de se synchroniser avec lui, de le regarder ouvertement dans les yeux, puis de le séduire en lui révélant une série de détails sexy et personnels sur son compte, l'encourageant à faire de même. L'homme était sidéré par l'énergie que l'actrice réussissait à instaurer entre eux.

La carte de la bonne conversation

Si vous observez attentivement un couple dont les membres sont progressivement absorbés l'un par l'autre, vous percevrez une évolution caractéristique : leurs voix et leurs gestes se synchronisent, les contacts visuels et les sourires (signes de langage corporel ouvert et de flirt intime) sont de plus en plus nombreux. Leur attitude est parfaitement adaptée. La conversation peut aussi évoluer de façon caractéristique. Voici les **3 étapes** de la progression :

1. La discussion débute par des échanges légers. On parle de tout et de rien. La météo, les actualités ou les événements sportifs font l'affaire. On peut évoquer le lieu où on se trouve, puis enchaîner par une question ouverte (voir chapitre 6). Il ne faut pas s'attarder trop long-temps à cette étape.

2. Rapidement, ce bavardage anodin est entrecoupé de petites touches d'humour. Il s'agit de remarques amusantes : observations sur le lieu ou la situation, anecdotes qu'on a lues, vues, entendues ou vécues récemment. Dans les émissions diffusées tard le soir, on entend fré-quemment ce genre de réparties. En adoptant ce mode d'échange, on peut se faire une idée du sens de l'humour et de l'approche de la vie de son interlocuteur.

3. Au bout d'un certain temps, la conversation passe à la vitesse supé-rieure : quittant les propos anodins et les remarques humoristiques, elle évolue vers des confidences à faible, à moyen ou (très rarement) à haut risque.

EXERCICE

Préparez vos confidences

Afin de vous préparer à passer du ton léger au mode intime, réfléchissez à quelques sujets que vous pourriez aborder en privé. Notez-les dans un calepin pour pouvoir les relire ou les modifier.

Les confidences à faible risque

• Que pourriez-vous dire au sujet de vos goûts sans entrer dans le détail ?

• Quelles anecdotes sans conséquence pourriez-vous raconter ?

• Quelles histoires amusantes pourriez-vous partager à propos de votre famille, de vos amis, de vos passions, de votre ville natale, de vos études, de votre travail ?

Les confidences à moyen risque

• Que pourriez-vous partager au sujet de vos opinions, de vos sentiments, de vos rêves, de vos projets, de vos choix ?

Les confidences à haut risque

• Que pouvez-vous partager avec l'autre pour encourager le rapprochement et l'intimité ?

• Que pouvez-vous dire au sujet de vos sentiments profonds, de vos peurs, de vos inquiétudes, de vos faiblesses ?

Saisissez les occasions de dire « Moi aussi ». Elles sont susceptibles de porter la conversation à un autre niveau. Ce moment devrait arriver très tôt, alors que vous en êtes encore aux deux premières étapes. Ne laissez pas ces occasions vous passer sous le nez : dès qu'elles surviennent, c'est le signe que vous devez passer à des confidences à faible ou à moyen risque.

 Les gens timides, prudents, réservés

Que faire si votre interlocuteur est réticent à parler de lui ? La méthode la plus puissante consiste à vous synchroniser à son langage corporel, aux caractéristiques de sa voix, à ses mots et à ses expressions préférés, à son attitude, à sa respiration et à ses interventions. Cela vous permettra de vous aligner sur son humeur. Commencez progressivement : posez des questions anodines et montrez-vous patient. Votre interlocuteur est probablement un kinesthésique : adoptez son langage. Vous souvenez-vous de Jeanne ? Elle était kinesthésique. Victor a réussi à percer sa carapace en évoquant les sensations plutôt que les éléments visuels ou sonores.

Si vous-même êtes timide ou réservé, ne brusquez pas les choses. Entraînez-vous avec un ami. Racontez-lui vos vacances ou parlez-lui de votre travail ; décrivez-lui votre ville natale ou votre restaurant préféré. Abordez simplement un sujet qui vous intéresse. Quand vous aurez plus d'assurance, vous pourrez peu à peu dévoiler votre personnalité en intégrant vos opinions. Lorsque cet exercice vous paraîtra facile, essayez de faire part à quelqu'un de vos sentiments.

Comment mener une discussion

Bruno avait participé à un de mes ateliers consacrés aux techniques de séduction. Un jour, il m'a envoyé ce courriel : « Je crois que je vous dois mon bonheur actuel. C'est un de vos ateliers, tenu à Toronto, qui a tout déclenché. Vos conseils m'ont évité de m'engager sur la mauvaise voie. Depuis, j'ai rencontré la femme de ma vie et je suis le plus heureux des hommes. Si votre emploi du temps vous le permet, je serais ravi de vous inviter à boire un café. Merci encore, Bruno. » Quelques jours plus tard, nous nous sommes rencontrés, et il m'a raconté son histoire. J'ai pris quelques libertés en retranscrivant ses propos, afin de les rendre plus utiles aux lecteurs. Évidemment, Bruno est un nom d'emprunt.

Bruno a 29 ans. Il avait créé une entreprise de jeux sept ans plus tôt et avait rapidement fait fortune grâce à un jeu qui s'était remarquablement bien vendu. Deux autres de ses créations avaient connu un certain succès, mais l'inventeur, qui s'amusait autrefois comme un gamin, avait sombré dans le travail, passant 18 heures par jour à son bureau. Difficile de trouver l'âme sœur dans ces conditions. Lorsqu'il croisait une femme à son goût, il utilisait sa voiture de luxe et ses costumes de marque pour établir le contact. Un jour, il s'est décidé à essayer ma méthode.

Il avait croisé Stéphanie plusieurs fois dans un café, en face de son bureau, où il commandait tous les jours un expresso allongé ou un verre de lait chaud. À quelques reprises, ils avaient bavardé à propos de leurs arômes de café préférés. Ayant participé à quelques-uns de mes ateliers, Bruno était devenu plutôt doué pour collecter des renseignements. Cela lui a permis d'apprendre que Stéphanie était kinésithérapeute dans une clinique spécialisée dans le sport de haut niveau et qu'elle occupait son temps libre à des compétitions de cyclisme amateur.

Bruno apprécie l'énergie de Stéphanie, son sourire chaleureux et sa silhouette athlétique. Il se sent bien en sa présence et pense qu'elle pourrait être la femme de sa vie. Il aimerait l'inviter à sortir avec lui.

Comme je l'ai dit, il est important de pouvoir parler à l'occasion d'un rendez-vous galant. Bruno a donc éliminé le cinéma, les matchs de hockey et les autres activités trop bruyantes ou trop silencieuses. Il s'est posé les **4 questions** évoquées au dernier chapitre :

1. Est-ce un endroit où elle se sentira en sécurité ?

2. Est-ce une activité qu'elle appréciera ?

3. Est-ce un endroit où il sera possible de parler ?

4. Est-ce original ?

Il ne veut pas d'un rendez-vous banal, mais d'un moment spécial pour l'un comme pour l'autre. Il voudrait que cette sortie se déroule dans un contexte romantique.

Les premiers pas

Bruno décide d'inviter Stéphanie à l'accompagner à vélo pour assister à un festival qui se tient au bord d'un lac. Son choix remplit les quatre conditions qu'il s'est fixées et présente un avantage supplémentaire : Bruno n'aura pas besoin de prendre sa BMW et pourra ainsi se faire une idée plus juste de l'intérêt que Stéphanie lui porte. En effet, il lui a simplement confié qu'il travaillait dans l'industrie du jeu. Il ne lui a pas dit qu'il était l'inventeur de la Batte super bongo, jeu qui occupe la troisième position parmi les plus vendus l'été dernier aux États-Unis.

Il a aussi réfléchi à la formulation de son invitation. Voici comment il s'y est pris : « Ça te tente de faire un tour de bicyclette la fin de semaine prochaine jusqu'au festival qui se déroule au bord du lac ? Je n'ai pas pédalé depuis longtemps. Tu devras réduire le rythme si tu ne veux pas que notre prochaine sortie ait lieu à l'hôpital. »

Bruno a suivi certains principes en élaborant son plan d'attaque. En soulignant délibérément un point commun (le vélo) et en glissant une touche d'humour (son état physique), il a amené son invitation en douceur et a poussé Stéphanie à dire oui. Au début, la romance a besoin d'un peu d'encouragement ; le mode de l'invitation est donc aussi important que sa nature. Plus elle promet d'être amusante, excitante et unique, plus on a de chances que la réponse soit oui.

Le jour J

Bruno retrouve Stéphanie dans un parc où les parents emmènent leurs enfants nourrir les oiseaux. Avant de monter sur les vélos, ils discutent quelques instants.

– C'est super de passer une si belle journée au grand air, lance Stéphanie.

– C'est vrai, répond Bruno. Ça fait du bien de sentir un peu de soleil. Hé, tu as un beau vélo ! ajoute-t-il, les yeux tournés vers la bicyclette de luxe de Stéphanie. Heureusement pour moi, tu n'as pas pris ton vélo de course.

Il la regarde en souriant, dirigeant son cœur vers celui de la jeune femme, et s'assure qu'il a un langage corporel ouvert. Elle sourit, se synchronisant à lui sans s'en rendre compte, puis jette un coup d'œil au vélo de Bruno.

– Le tien n'est pas mal non plus : des freins Shimano, un bon dérailleur… Je croyais que tu faisais seulement du vélo en dilettante.

– Je pensais venir en tricycle, mais j'ai pris mon courage à deux mains et j'ai enfourché ma bicyclette.

– C'est un honneur, répond Stéphanie en riant et en faisant une petite révérence.

Ils sont passés du bavardage anodin au mode humoristique. Bruno passe un bon moment. Il décide de lui faire une petite confidence.

– Sérieusement, je suis bien sur mon vélo. J'aime sentir le vent sur mon visage, avoir l'impression d'être seul maître à bord.

Une lueur scintille dans les yeux de Stéphanie.

– C'est pareil pour moi! Ça me procure un bonheur fou.

Elle a réagi en lui offrant une confidence à faible risque. Ils montent sur leurs bicyclettes et partent au festival.

Ils attachent leurs vélos au bord de l'eau et se rendent à pied sur le site. Habitué à marcher sans trop se presser, Bruno s'adapte à l'allure plus vive de Stéphanie.

– Hé, regarde! lance-t-il.

Ils se joignent quelques instants aux gens qui encerclent deux hommes sur des monocycles. Les acrobates jonglent avec trois œufs, une poêle à frire et un réchaud allumé. À la fin du numéro, ils ont fait frire les œufs sans descendre de leurs monocycles.

– C'est fou, dit Stéphanie. Je rêve depuis toujours de pédaler sur un monocycle.

– C'est vrai? Moi aussi!

Bruno a du mal à croire qu'il a décelé si vite et si facilement une occasion de dire les mots magiques.

– Es-tu sérieux? répond Stéphanie en se penchant légèrement vers lui et en le regardant dans les yeux.

– Oui, bien sûr. D'ailleurs, ça me plairait aussi de savoir faire cuire des œufs.

Stéphanie rit, mais elle se redresse et regarde ailleurs. Oups! Même si la blague était drôle, le *timing* n'était pas idéal. Stéphanie venait de parler d'une de ses aspirations, et Bruno avait réussi à atteindre un plus grand degré d'intimité grâce à son « moi aussi ». Cette touche d'humour ina-daptée a fait retomber la conversation à un niveau moins personnel.

Comment inviter quelqu'un à sortir avec vous ?

Prenez quelques minutes pour faire le point sur ce que vous savez de la personne que vous aimeriez inviter.

- Où vous êtes-vous rencontrés pour la première fois ?
- Qu'est-ce qui vous rapproche ?
- Où pourriez-vous aller pour garder de ce moment un souvenir unique tout en jouissant d'un contexte propice à la conversation ?
- Quel lieu pourrait satisfaire vos intérêts communs ?

À présent, réfléchissez aux termes que vous emploierez.

- Comment évoquerez-vous vos points communs ?
- Comment formulerez-vous votre invitation ? Employez un ton léger et mettez-y une touche d'humour.
- Comment vous y prendrez-vous pour lancer votre invitation de manière subtile ?

Dressez la liste de ce que vous pourriez dire pour inviter l'autre à sortir avec vous.

Bruno doit rattraper ce faux pas. Il regarde Stéphanie. Elle observe à présent un homme qui s'approche sur des échasses. Bruno se dit qu'il peut tenter sa chance en lui confiant une information personnelle peu risquée.

– Quand j'étais petit, j'adorais aller au cirque. Ce que je préférais, c'étaient les clowns sur leurs monocycles.

Stéphanie tourne les yeux vers lui.

– Ah oui ? demande-t-elle, comme pour vérifier s'il est capable d'être sérieux.

Elle écarte une mèche de cheveux que le vent a envoyé sur son visage.

– Eh bien, je n'aime pas trop aborder le sujet, mais (il repousse de la main les cheveux qui couvrent son front, en écho au geste de Stéphanie) j'étais un vrai empoté. À l'époque, je n'aurais jamais pu apprendre à monter sur un monocycle. À sept ans, je refusais encore qu'on enlève les petites roues de ma bicyclette.

Bruno vient de révéler un point sensible au sujet de son enfance. Le voilà désormais sur le territoire des confidences à moyen risque.

Stéphanie le regarde avec sympathie.

– Ça devait être frustrant.

– Oui. Les autres se moquaient tout le temps de moi. Comme j'étais maladroit sur ma bicyclette, les clowns en monocycle me semblaient être des magiciens. À chaque instant, ils semblaient sur le point de tomber. J'étais persuadé qu'ils étaient vraiment en danger, ce qui m'impressionnait plus encore.

Stéphanie sourit de nouveau, et Bruno remarque que ses épaules se sont légèrement relâchées. Il s'assure que lui aussi a une posture détendue.

– Je me rappelle ma première sortie au cirque, dit Stéphanie. J'avais trois ou quatre ans. J'ai hurlé pendant presque tous les numéros des clowns. Je croyais qu'ils se faisaient mal pour de vrai quand ils se fonçaient dedans. Les autres parents dévisageaient ma mère, parce que j'étais bouleversée alors que leurs enfants poussaient des cris de plaisir.

Stéphanie sourit en prononçant ces mots et secoue la tête, repensant à sa naïveté. Puis elle baisse les yeux et se met à tortiller nerveusement ses cheveux. Bruno perçoit sa vulnérabilité et sa gêne.

– Tu étais sûrement très sensible.

– Oui.

– Est-ce que les autres enfants riaient de toi ?

– Tout le temps. Mes deux grands frères faisaient des paris sur qui arriverait à me faire pleurer en premier, répond Stéphanie, les yeux rivés au sol.

Bruno se sent vraiment ému.

– Ah… dit-il doucement, en effleurant le bras de la jeune femme. C'est vraiment cruel.

Stéphanie relève la tête. Elle semble sincèrement reconnaissante à Bruno.

– C'est moins pire maintenant. Après tout, je suis une grande fille.

Ils échangent un long regard. Les yeux de Bruno, plongés dans ceux de Stéphanie, descendent vers sa bouche, avant de remonter vers la zone supérieure de son visage. Il rougit. Stéphanie lui adresse un franc sourire.

– Alors, grande fille, as-tu envie d'une crème glacée ? demande le jeune homme en voyant un vendeur ambulant. Il commence à faire chaud.

Sentant que Stéphanie est plus timide que lui, il décide de parler de tout et de rien quelques instants, histoire de ne pas laisser la conversation devenir pesante ou menaçante.

– Volontiers, répond-elle en souriant, mais seulement au chocolat. La vanille, c'est des calories inutiles, si tu veux mon avis.

– Je suis d'accord, dit Bruno en lui rendant son sourire.

Et voilà : une deuxième occasion d'employer les mots magiques. Stéphanie semble tout à fait à son aise lorsque Bruno lui tend un cornet de crème glacée au chocolat.

– Moi aussi, j'avais peur des clowns, reprend-il. J'étais non seulement un gros balourd, mais aussi un garçon très sensible. Il suffisait d'un rien pour me blesser. Je crois que ça s'est arrangé, mais je suis encore un peu maladroit.

Bruno vient de dévoiler un nouveau renseignement personnel. Il espère que Stéphanie ne trouvera pas cela repoussant. Elle n'est certainement pas empotée, puisqu'elle participe à des compétitions de cyclisme.

– Je ne te trouve pas maladroit, lui dit-elle en souriant.

« Tiens tiens, pense Bruno, j'ai marqué un point. »

Les yeux de Stéphanie semblent s'arrêter sur quelque chose dans la foule.

– Et même si tu l'étais, ce ne serait pas grave, ajoute-t-elle, espiègle. Après tout, les clowns me font encore peur.

Bruno laisse échapper un rire et suit son regard. Deux hommes vêtus de costumes à pois et affublés d'un nez rouge avancent vers eux en brandissant des ballons. Les voilà donc revenus au mode humoristique. Ils auront tout le loisir d'aborder des sujets à faible ou à moyen risque un peu plus tard. Stéphanie plaît vraiment à Bruno. Il y a des mois qu'il ne s'est pas amusé autant. Le courant passe à merveille.

– Partons avant qu'ils ne commencent à se taper dessus ! crie-t-il en la saisissant par le bras. Ils se dirigent à toute vitesse vers l'attraction suivante en riant à gorge déployée.

Pourquoi cette sortie se passe-t-elle bien ?

Au cours des premières minutes, Bruno et Stéphanie ont parlé de tout et de rien sur un mode enjoué, par plaisir. Ils avaient envie d'en savoir plus sur ce qui les intéressait tous les deux. Au festival, leur conversation a porté sur ce qui se passait autour d'eux et, de là, ils en sont arrivés à évoquer des souvenirs d'enfance.

C'est l'impression que donne cette conversation. Cependant, sous la surface, il s'est passé autre chose : Bruno a délibérément révélé des renseignements personnels à son sujet dans le but d'encourager Stéphanie à réagir d'une certaine façon.

Bruno a délibérément révélé des renseignements personnels à son sujet dans le but d'encourager Stéphanie à réagir d'une certaine façon.

Il s'est aussi très subtilement synchronisé au langage corporel de sa partenaire, au ton de sa voix et au choix de ses mots. Rapidement, il est passé des réparties humoristiques aux confidences à faible et à moyen risque, peut-être même à haut risque dans le cas de Stéphanie. Certes, il a fait un faux pas avec sa blague sur les œufs, mais il s'est rattrapé en notant la réaction de la jeune femme, et il est parvenu à revenir au mode intime. À ce stade, il lui a jeté des regards évocateurs pour manifester sa sexualité.

Quand Stéphanie a abordé un sujet particulièrement sensible, il a veillé à garder son sérieux. Ayant désormais conscience de la timidité de la jeune femme, il a fait évoluer la conversation vers un sujet léger (l'épisode de la crème glacée) pour éviter de la bousculer ou de la soumettre à un interrogatoire. Sa stratégie s'est avérée payante : il a parlé d'un nouveau point sensible le concernant, et Stéphanie s'est alors sentie suffisamment détendue pour revenir à des sujets assez personnels (sa peur actuelle des clowns).

Le frôlement fortuit

Si le processus visant à créer de l'intimité possédait trois vitesses, le déclencheur « moi aussi » permettrait de passer en deuxième, et le frôlement fortuit, en troisième.

Le pouvoir de persuasion du toucher a fait l'objet de nombreuses études. Au cours d'une expérience menée dans une bibliothèque, on a observé qu'un simple frôlement de la main de la part du bibliothécaire (quand les clients tendaient leurs cartes) suffisait à améliorer leur opinion de l'établissement. Une autre expérience a montré que, si un serveur frôle un client brièvement en lui rendant sa monnaie, son pourboire sera supérieur à la moyenne d'environ 15 %. Par ailleurs, les instituts de formation savent que, si un professeur touche un court instant (de façon appropriée) un élève, la compréhension sera probablement meilleure entre eux.

Ici, le mot qui compte est « fortuit », terme qui signifie non intentionnel, presque accidentel. Un frôlement fortuit de la main est un geste bref, doux, naturel, absolument inoffensif. On peut toucher le bras ou l'épaule de quelqu'un. En revanche, toute zone clairement sexuelle (poitrine, postérieur, intérieur des cuisses) est exclue. Ce premier contact tactile agit comme une baguette magique, qu'on n'utilisera qu'une fois si on veut obtenir un plein effet.

Choisissez votre moment avec soin. Si vous passez à l'action trop tôt, l'autre vous trouvera collant. Si vous répétez le geste trop souvent, il perdra de son impact. Si vous agissez trop tard, il paraîtra incongru. Votre premier frôlement fortuit devrait survenir à peu près au moment où sont abordées les confidences à moyen risque, de préférence après avoir ri ensemble et vous être penchés l'un vers l'autre.

Si, en frôlant le bras de l'autre, vous obtenez une réaction chaleureuse, vous pouvez poursuivre en touchant sa main au moment opportun. Restez vigilant : vous vous êtes introduit dans son espace intime. Si ce contact physique ne vous permet pas d'accéder à une intimité plus profonde, prenez vos distances, sinon vous risquez de vous faire du mal. Si l'autre vous rend votre frôlement, aventurez-vous plus loin. Les confidences devraient devenir plus naturelles. Attendez quelques instants, puis testez la réceptivité de votre partenaire à l'aide d'un deuxième contact physique, qui doit être bref mais marquer davantage votre intention. Ce geste peut se transformer en une légère pression de la main.

Le schéma complet

Voici à quoi ressemble le processus de la conversation, si on y ajoute les déclencheurs :

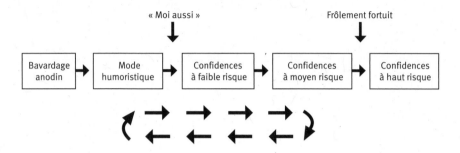

Des confidences plus intimes

Observons une autre scène. Essayez de déterminer les stades de la conversation par lesquels passent Hélène et Robert.

Hélène, début quarantaine, est institutrice à Québec. Il y a 3 ans, son mari l'a quittée après 14 années de mariage pour une femme de 10 ans de moins qu'elle. L'assurance d'Hélène en a pris un coup, mais elle s'efforce de reprendre confiance en elle, car elle aime être en couple et espère refaire sa vie. Elle est déterminée à adopter une approche différente dans ses relations avec les hommes.

Robert est architecte. Il ne s'est jamais marié, mais il a vécu deux longues histoires d'amour. Il est célibataire depuis environ deux ans. Hélène et Robert se sont rencontrés à l'occasion d'un concours canin il y a quelques mois. À ce stade de leur relation, ils tâtent le terrain. Elle le trouve séduisant et apprécie son contact facile. Au cours d'une conversation, elle lui a appris qu'elle n'avait pas d'auto. Robert lui a proposé de l'emmener à la campagne une fin de semaine. Hélène a osé dire oui.

Hélène fait les premiers pas

« J'ai entendu dire que le village de Saint-Jean-Port-Joli compte de bons sculpteurs et de belles demeures. Si on y allait, tu pourrais m'apprendre quelle est la différence entre un pignon, un linteau et un pilastre. »

Comme Bruno l'a fait avec Stéphanie, Hélène a choisi une sortie reposant sur un des points communs qu'elle a avec Robert. Il s'agit d'un lieu sans danger, original, qui leur donnera de nombreuses occasions de discuter. Robert a accepté avec joie.

Le jour J

Dans l'auto, Hélène et Robert parlent du temps qu'il fait et de leurs chiens, pelotonnés sur la banquette arrière.

– Ça promet d'être une belle journée, lance Robert. Regarde-moi ce ciel.

– Je suis contente qu'il fasse un peu frais. Comme ça, les chiens pourront rester dans la voiture pendant qu'on ira voir les sculpteurs et les belles maisons.

– Après, on pourra les laisser courir un peu le long du fleuve.

– Euh… Je ne sais pas si le mot « courir » convient à Benny, répond Hélène.

Robert rit. Benny est le basset un peu enrobé d'Hélène. Son corps allongé et lourd et ses pattes boudinées ne font pas vraiment de lui un champion du sprint.

– Eh bien, il est attendrissant et ses jambes touchent le sol. C'est tout ce qu'on lui demande, dit Robert.

– Benny et Clara forment un drôle de couple, rétorque Hélène en riant. Les gens pourraient croire que ton chien est avec le mien pour son argent.

Clara est le weimaraner élégant et haut sur pattes de Robert. Les réparties légères se poursuivent tandis qu'ils roulent dans le village. Robert se gare.

– Je songe à adopter un lévrier dans un refuge pour les chiens qu'on trouve sur les champs de course, dit-il.

– Vraiment ? demande Hélène.

Elle se redresse sur son siège et tourne la tête vers lui. Il éteint le contact et fait face à Hélène.

– Je viens de lire un article sur un de ces refuges, reprend-elle. J'ai même failli appeler là-bas hier, pour faire la même chose que toi. Je ne peux supporter l'idée qu'on se débarrasse de ces chiens.

Il lève les yeux vers elle.

– Quelle coïncidence ! dit-il en se frottant le menton, pensif.

À cet instant, Hélène se rend compte qu'elle vient d'employer le déclencheur « moi aussi » sans avoir eu à faire le moindre effort. De façon décontractée, elle reflète les gestes de Robert et passe la main sur son menton.

– En fait, j'ai à la maison deux chats qui viennent d'un refuge.

Voilà une confidence vraiment inoffensive...

– Tu ne m'avais pas dit que tu avais des chats ! s'exclame Robert en prenant un air désapprobateur. Je croyais que ton truc, c'étaient les chiens !

Même s'il a prononcé ces mots avec légèreté, Hélène sent que la connexion s'est rompue. Peut-être déteste-t-il les chats ? Elle doit en avoir le cœur net.

– J'adore les chiens, dit-elle en regardant Benny avec tendresse. Ça ne m'interdit pas d'aimer les chats.

— Pourtant c'est le jour et la nuit! s'exclame Robert. Les chats sont si froids, si égocentriques…

«Tiens, j'ai touché un point ultrasensible, on dirait», songe Hélène, étonnée par la réaction de l'architecte.

— Beaucoup de gens pensent comme toi, dit-elle d'un ton aimable.

Hélène et Robert sortent de l'auto et marchent côte à côte sur le trottoir, mais le langage corporel de l'homme semble s'être fermé. Ses bras sont serrés le long de son corps.

— En fait, poursuit Hélène en faisant face à Robert, son cœur dirigé vers le sien, j'étais comme toi avant. Je détestais les chats!

Voilà une confidence à risque moyen-élevé qui semble faire l'affaire, peut-être parce qu'elle sous-entend qu'ils ont un point commun.

— Je n'ai jamais dit que je les détestais, dit Robert en adoptant une posture moins fermée. Cependant, tous les chats que j'ai croisés m'ont repoussé, ont fait leurs griffes sur ma mallette ou ont uriné dans mes bottes.

— Je vois, murmure Hélène. Je sais maintenant d'où vient l'histoire du Chat botté!

Robert rit.

— Alors, qu'est-ce qui t'a fait passer de la haine à l'amour? lui demande-t-il.

— Quand j'étais petite, nous n'avions que des chiens. Mes parents n'aimaient pas les chats, et j'ai suivi leur exemple.

— C'est pareil pour moi. Il y avait toujours des chiens à la maison. Mon père disait que les chats n'apportaient que des ennuis.

— Un jour, un chat m'a choisie. Il s'est réfugié sur ma terrasse durant une tempête de neige. Je lui ai donné une boîte avec des couvertures, ainsi que de la nourriture et un bol d'eau. Il n'arrêtait pas de ronronner et de se frotter contre moi.

— Ils font ça quand ils veulent quelque chose.

Robert a une expression amusée, mais Hélène voit qu'il n'est toujours pas convaincu.

— Celui-là le faisait constamment, qu'il ait à manger ou non. Il m'avait adoptée, c'est tout. Il montait sur mes genoux pour que je le caresse et me suivait partout dans la maison, comme un petit chien! Sa mort m'a brisé le cœur. C'est arrivé à une époque où j'avais pas mal de problèmes.

Hélène envisage de préciser que c'était au moment où son mari la quittait, mais elle décide que cette information présenterait trop de risque à ce stade. Elle opte donc pour une confidence à moyen risque:

— J'étais très déprimée. Je suis tombée sur une annonce publiée par un centre qui recueillait des chats errants. J'ai appelé là-bas et, sans trop savoir comment, je me suis retrouvée avec deux chatons. Je t'assure que c'est impossible d'être déprimé avec ces petites boules de poil à la maison.

— Je t'accorde qu'ils peuvent être mignons. Le problème, c'est qu'ils grandissent.

Robert rit, mais il penche la tête dans la direction opposée.

Hélène a du mal à croire qu'il est si intolérant à l'égard des chats. La cause de son rejet doit être profonde. Peut-être est-il trop tôt pour le sonder?

— On dirait que tu as été traumatisé par un chat quand tu étais enfant, avance-t-elle, tandis qu'ils s'arrêtent devant la vitrine d'un sculpteur.

– Tu as raison. (La voix de Robert descend d'un ton et il détourne les yeux.) Le chat qui a fait ses besoins dans mes bottes appartenait à mon ex. Je te jure qu'elle l'aimait plus qu'elle m'aimait, moi. Elle était complètement névrosée sur ce plan, et le chat n'avait rien à lui envier.

« Ah, pense Hélène, enfin une piste ! Robert commence à se dévoiler. »

– Laisse-moi deviner… (Hélène descend aussi d'un ton.) Ce chat était jaloux. C'était certainement un mâle, qui a uriné dans tes bottes au moment où sa maîtresse et toi vous chicaniez.

– C'est exactement ça ! Tu as des dons de voyance !

– Non : je connais les chats. Ils sont beaucoup plus compliqués que les chiens.

– Comme les femmes sont plus compliquées que les hommes ? lance Robert d'un ton un peu provocant.

Cependant, il sourit et a l'air détendu. Hélène lui rend son sourire. Le mode humoristique suffit pour le moment.

– Ce n'est pas ce que j'ai dit ! En fait, toutes proportions gardées, les chiens sont simples et les chats sont complexes. Les chiens ne demandent que de l'attention et des croquettes, peu importe qui les leur donne. Même si je les aime énormément, je ne les trouve ni très fins ni très subtils.

– Un peu comme les hommes ? demande Robert en levant les sourcils.

– Tu sais, dit Hélène en l'imitant et en frôlant sa manche, les choses compliquées sont souvent épuisantes. La plupart du temps, la simplicité me convient.

Ils éclatent tous les deux de rire, et Robert prend une profonde inspiration.

– Tu es drôle, dit-il. J'apprécie ce trait chez une femme… même si elle aime les chats.

Pourquoi cette sortie se passe-t-elle bien ?

Si vous relisez ce qui précède, vous remarquerez que, dès le début, Robert a adopté un ton enjoué en lançant : « Ça promet d'être une belle journée. » Hélène a abondé dans son sens : « Je suis contente qu'il fasse un peu frais. Comme ça, les chiens pourront rester dans la voiture pendant qu'on ira voir les sculpteurs et les belles maisons. » Tandis qu'ils entrent sur le terrain de l'humour en faisant des remarques sur l'apparence de leurs chiens respectifs, Robert passe à des confidences à faible ou à moyen risque en livrant des renseignements sur son intention d'adopter un lévrier. Hélène est si frappée par la coïncidence qu'elle ne tire pas totalement parti de cette magnifique occasion d'utiliser le déclencheur « moi aussi ». Prononcer ces mots, c'est injecter une dose de magie dans la conversation. On peut faire une pause avant de les dire, ponctuer la formule d'un léger changement de ton ou d'attitude. Dans le cas qui nous occupe, Hélène aurait même pu « involontairement » frôler le bras de Robert.

Toujours est-il qu'elle a mis l'accent sur des points communs bien précis. Que cela soit conscient ou non, cette coïncidence a permis à Hélène de se synchroniser à Robert en se frottant le menton et en lui parlant de ses chats. Cette transition particulièrement risquée n'a pas été très bien menée, car beaucoup de gens assimilent les caractéristiques d'un animal domestique à son maître. Dans le cas qui nous occupe, c'est un point plutôt négatif compte tenu de la mauvaise opinion que Robert a des chats.

Cela dit, on peut féliciter Hélène d'avoir su se maîtriser, retomber sur ses pattes, se réaligner sur l'architecte en utilisant un langage corporel ouvert et prononcer un petit discours du type : « J'étais comme toi autrefois… »

Ces moments légèrement tendus étaient inévitables. Par mégarde, Hélène a bousculé l'équilibre, puis elle s'est dit que son analyse de la logique animale et des émotions humaines lui permettrait de se rattraper. Par chance, elle a pu pousser Robert à expliquer l'origine de l'aversion qu'il éprouve pour les chats. Il a eu un aperçu de l'intelligence, de la patience et de la prévenance de l'institutrice, qualités qui lui plaisent. De son côté, Hélène a décelé la gentillesse, le sérieux et le côté légèrement vulnérable de l'architecte, traits de personnalité qu'elle trouve très réconfortants.

Une question de perspective

Qui a dit qu'une heure et demie ne suffisait pas pour connaître quelqu'un ? Bien sûr, si vous ne cessez de remplir les vides avec des banalités et des plaisanteries creuses, cette période sera trop courte. De la même façon, si vous faites de longs monologues, abordez des sujets ennuyants ou vous en tenez à des réponses monosyllabiques, ces 90 minutes vous paraîtront une éternité. Par ailleurs, si vous vous montrez mal élevé, fuyant, autoritaire ou prétentieux, votre partenaire n'aura qu'une envie : arrêter le chronomètre au bout de 90 secondes et prendre ses jambes à son cou.

 Faites un atout de votre maladresse

Si vous abordez un sujet sensible avec quelqu'un sans le vouloir, tirez de l'information de ses réactions. Menez la conversation avec légèreté, sondez doucement l'autre, trouvez à quel moment faire marche arrière et synchronisez-vous le plus possible à la personne pour lui montrer que vous savez faire preuve de délicatesse, que vous êtes digne de confiance et que vous n'utiliserez pas ces renseignements à mauvais escient.

Lorsque vous vous découvrez des atomes crochus, soyez tout ouïe et partagez vos opinions. Vous en saurez beaucoup plus l'un sur l'autre au bout d'une heure et demie et pourrez peut-être dire : « J'ai l'impression de bien te connaître. Je n'ai pas vu le temps passer. »

Si vous êtes avec une personne qui vous plaît et avez laissé votre vraie personnalité s'exprimer par l'intermédiaire de votre corps, de votre attitude, de votre voix et de vos propos, vous aurez préparé le terrain pour une relation amoureuse.

Si vous avez passé une heure et demie à souligner vos affinités avec votre opposé complémentaire potentiel, vous avez réuni les éléments nécessaires pour une histoire d'amour. Si vous avez utilisé votre corps, votre attitude, votre voix et vos propos avec naturel et facilité pour encourager des confidences mutuelles, vous avez créé une intimité émotionnelle. Si vous avez saisi les occasions de dire « moi aussi », eu des contacts physiques naturels et passé quelques secondes magiques à plonger vos yeux dans les siens, vous avez semé les graines de l'amour véritable.

10

La naissance
du sentiment amoureux

L e vrai amour est un mélange unique d'attirance, d'intimité, d'engagement et de romance. C'est un sentiment extrêmement personnel dont la naissance se passe un peu différemment dans chaque couple. Pour certains, le moment où il frappe est clair. Pour d'autres, c'est loin d'être aussi évident. Certains remarquent le moment précis où tout bascule. D'autres perçoivent plutôt une lente évolution de leurs sentiments. Les émotionnels ont tendance à reconnaître l'amour plus rapidement que les rationnels, même si les graines ont été semées en même temps.

Alors, comment passer de l'intimité à l'amour ? Les techniques (attitude positive, flirt, synchronisation, confidences) que j'ai proposées jusqu'à maintenant sont très concrètes. Elles vous conduiront au bord du sentiment amoureux, et même souvent au-delà. L'élan de deux personnes qui découvrent qu'elles sont faites l'une pour l'autre suffit fréquemment à les faire tomber amoureuses. Cependant, si vous voulez apprendre à transformer une attirance exaltante en un amour véritable, il vous faut quitter l'approche pratique pour aborder la question sous un angle plus philosophique.

Si tu aimes quelqu'un, laisse-le libre

Il existe un magnifique proverbe taoïste sur lequel je vous invite ardemment à méditer quelques jours : « Quand on est libéré du désir, on peut s'émerveiller du mystère, mais piégé par le désir, on est aveuglé par ses manifestations. » Cela veut dire qu'il ne faut pas juger les choses d'après ce qu'on voudrait qu'elles soient.

Lorsque vous savez ce que vous voulez et que vous avez fait tout ce que vous pouviez pour l'obtenir, prenez un peu de distance et laissez les événements suivre leur cours. Ainsi, vous obtiendrez plus que ce que vous aviez espéré. À l'inverse, si vous essayez de forcer votre désir, vous ne verrez que votre réussite ou votre échec. Cela revient à obliger un œuf à éclore ou une fleur à s'ouvrir. Vous devez lâcher prise et laisser l'amour et la vie évoluer à leur façon créative et inattendue.

> L'amour ne se manifeste pas sur commande. C'est un processus qui évolue, comme une graine qui germe ou une étincelle qui se transforme en flamme.

L'objectif, c'est d'avoir foi en vous, en la vie, en l'autre. L'amour est infiniment plus surprenant et excitant que vous ne le soupçonnez, à condition, bien sûr, de lui donner de l'espace, du soutien et l'occasion de se déployer. Il ne se manifeste pas sur commande. C'est un processus qui évolue, comme une graine qui germe ou une étincelle qui se transforme en flamme.

Soyez prêt à l'accueillir, à donner le meilleur de vous-même, à le laisser libre pour pouvoir vous émerveiller de son mystère.

Bruno et Stéphanie

Examinons comment les sentiments amoureux sont nés entre Bruno et Stéphanie.

« Nous nous sommes dit au revoir à 18 h, m'a raconté Bruno. J'étais un peu perplexe parce que, vers la fin de notre rencontre, Stéphanie avait commencé à changer. Plus approchait le moment de notre séparation, plus elle semblait irritable et impatiente. Pourtant, notre contact avait été vraiment bon. Je le lisais dans son regard. On aurait dit que son âme s'était entrouverte et que je pouvais entrer en elle rien qu'en plongeant mes yeux dans les siens. Nous nous sommes dit que nous avions passé un formidable moment, mais elle semblait de plus en plus gagnée par un mélange de nervosité et d'excitation.

« J'ai donc suivi votre conseil : je n'ai ni forcé les choses ni tiré de conclusion hâtive. Je lui ai demandé si ça lui tentait de renouveler l'expérience. Sa réponse m'a décontenancé : "Pas avant une ou deux semaines." Elle a promis de m'appeler. Nous nous sommes embrassés, ou, plutôt, elle m'a serré fort dans ses bras en murmurant : "Ça va aller." Puis elle est partie. Je pensais que ça ne donnerait rien, mais j'ai préféré éviter d'analyser tout ça… fort heureusement.

« Les trois jours suivants ont été atroces. Le jeudi, tout à fait par hasard, je me trouvais à la fenêtre de mon bureau et regardais vers le stationnement quand j'ai vu une personne glisser quelque chose sous l'essuie-glace de ma voiture. C'était Stéphanie. J'ai descendu l'escalier en courant et me suis précipité dehors, mais elle s'était volatilisée. Je tremblais comme une feuille. En marchant vers ma voiture, je me disais que j'avais eu une hallucination. Même si elle avait découvert où je travaillais, elle n'avait aucun moyen de savoir quelle auto était la mienne. Pourtant, il y avait bien une enveloppe sous l'essuie-glace, du côté du passager. À l'intérieur, j'ai trouvé une carte du café où nous nous étions rencontrés. Au dos de celle-ci étaient inscrits un mot et un numéro de téléphone. Le mot était : "Quand ?" »

« Maintenant, ai-je pensé. Maintenant, c'est le bon moment. Je l'ai appelée, et la suite est facile à deviner. Nous nous sommes revus, et ç'a été magique. Quelque temps plus tard, nous nous sommes mariés. Nous sommes fous amoureux, et nous allons avoir un bébé au mois de décembre. »

Je l'ai félicité. Nous avons parlé quelques minutes au sujet de la vie de famille et des enfants, mais j'avais une question à lui poser.

« Vous m'avez dit que vous pensiez que ça ne donnerait rien. Que s'est-il passé pour que tout change ? »

« Au cours de notre sortie, Stéphanie m'avait confié qu'elle fréquentait un joueur de hockey, pas de façon exclusive, mais depuis un certain temps. Quand nous nous sommes retrouvés, elle m'a dit qu'elle avait préféré rompre avec lui avant d'aller plus loin. »

Nous avons discuté encore un peu. Bruno m'a raconté qu'un serveur du café avait montré sa voiture à Stéphanie pour qu'elle puisse laisser le mot. Puis nous nous sommes quittés. J'ai accepté avec plaisir d'assister, avec Wendy, au baptême de leur bébé.

Bruno savait qu'il avait planté des graines, que Stéphanie et lui avaient eu un excellent contact et que tout était en place pour que la relation prenne racine, mais il savait aussi qu'il ne devait pas interférer avec le cours naturel des choses, même si c'était un véritable supplice.

Parfois, il faut faire confiance au destin et se dire que tout se passera bien. En laissant les événements suivre leur cours, on leur permet de s'enchaîner de la bonne façon.

Hélène et Robert

Hélène et Robert cherchaient tous deux à nouer une nouvelle relation mais, en raison de leurs mauvaises expériences respectives, ils se sont montrés plus prudents que Bruno et Stéphanie. Hélène, en particulier, avait gardé des séquelles de sa séparation. Elle espérait trouver un partenaire et la sécurité qu'on ressent quand on est avec quelqu'un de spécial, mais elle ne voulait pas se lancer à l'aveuglette dans une aventure. Robert aussi avançait prudemment; il considérait ses deux ruptures comme des échecs personnels. Malgré leur méfiance, ils se sont rendu compte qu'il se passait quelque chose d'unique entre eux. Ensemble, ils pouvaient rire, promener leurs chiens, discuter.

Voici ce que m'a raconté Hélène: « La première fois que nous nous sommes parlés, à l'occasion du concours canin, je me suis dit après coup: "Comment le temps a-t-il pu passer si vite?" Chaque fois que nous nous rencontrions, j'avais l'impression que le temps filait à toute allure. Grâce à Robert, je pouvais de nouveau rêver. C'est un homme très organisé, qui m'aide à y voir clair. Désormais, ma vie réclamait autre chose que la routine. À notre deuxième rendez-vous, il m'a dit qu'il sentait qu'il se passait quelque chose entre nous. Ç'a été le déclic. J'ai failli lui dire que je n'espérais plus entendre ce genre de chose un jour, mais cette révélation-là aurait été trop risquée pour moi.

> L'excitation d'une nouvelle relation n'est jamais dénuée de risque: on peut avoir le cœur brisé.

Nous avons pris notre temps. Nous sommes sortis ensemble pendant six mois avant de parler ouvertement de nos sentiments. Deux mois plus tard, nous avons commencé à envisager de vivre ensemble. »

Après 1 année d'amitié et plus de 10 mois de fréquentation, Robert et Hélène ont emménagé ensemble. Deux ans plus tard, ils ont mis leurs biens en commun, ont déménagé et ouvert une boutique non loin de Saint-Jean-Port-Joli, lieu de leur tout premier rendez-vous. Aujourd'hui, ils sont inséparables.

Certaines personnes sont prudentes ; elles veulent s'assurer du sérieux de leur relation avant de se lancer. D'autres choisissent avec insouciance de laisser parler leur cœur en espérant que tout se passera bien. Les deux attitudes ont leurs bons côtés. Le principal, c'est d'être prêt à accueillir l'amour et de le laisser s'épanouir d'une façon qui nous fait du bien.

Le coup de foudre

Hélène et Robert ont pris leur temps pour s'assurer de la solidité de leur relation. Julien et Anita illustrent le cas opposé. Tous deux étaient membres d'un club pour célibataires dont le point commun était la passion pour l'équitation. Julien faisait partie de la direction d'une compagnie de disques, tandis qu'Anita gérait la bibliothèque d'ouvrages de référence d'un grand cabinet d'avocats.

Tous les dimanches, le club organisait une soirée des « Cow-boys célibataires ». Il y avait une règle : les femmes invitaient les hommes à danser, et ceux-ci n'avaient pas le droit de refuser. Un dimanche de septembre, Anita a invité Julien deux fois. Elle a ressenti quelque chose de très fort, et lui aussi. Ils sont partis chacun de leur côté, mais sont tous deux revenus la semaine suivante. Cette fois-là, Anita a invité Julien à danser trois fois, le maximum autorisé. Au cours de leur dernier slow, Julien a demandé à Anita si elle serait intéressée à faire une activité avec lui. Elle a dit oui.

Julien a judicieusement choisi l'endroit où il emmènerait Anita. Il s'est posé les quatre questions évoquées au chapitre 9 (se sentira-t-elle en sécurité ?, est-ce qu'elle s'amusera ?, est-ce un lieu propice à la discussion ?, est-ce un endroit original ?), puis il a imaginé une sortie spéciale et romantique : il lui a proposé de le retrouver à la ferme où il laisse son cheval en pension. Il a loué une monture pour Anita, puis ils ont fait une balade dans la forêt et la prairie jusqu'à un restaurant au bord d'un lac, où ils ont pu attacher leurs chevaux.

Les actes pèsent plus lourd que les mots

Les véritables opposés complémentaires peuvent tomber amoureux en une heure ou deux, s'ils ont l'occasion d'instaurer de la confiance et de l'intimité émotionnelle. Cela ne signifie pas qu'ils s'avouent leur amour dès que le chronomètre annonce que le temps est écoulé. Certains le font : ils traduisent rapidement leurs sentiments en mots, puis en pensées, puis en actes. Ces individus-là sont émotionnels et spontanés. D'autres ont besoin de plus de temps pour interpréter leur expérience. Ils laissent mûrir leur sentiment quelque temps avant de l'exprimer.

Lorsque vous trouvez votre opposé complémentaire, les graines de l'amour sont là ; elles attendent simplement d'être semées. S'il n'est pas dans votre nature de vous jeter à l'eau rapidement, vous ne direz probablement pas : « Je t'aime » au bout d'une heure et demie. C'est déjà bien d'éprouver la profonde sensation de bien-être, de confiance, de bonheur et de réconfort qui est la vôtre.

Vous ne souhaitez pas en dire trop ? Certains signes physiologiques peuvent révéler que l'autre partage vos sentiments. A-t-il les pupilles dilatées, les joues rouges, le souffle court en raison de l'excitation ?

Quand on tombe amoureux, des transformations physiques et psychiques surviennent. Les impulsions sexuelles, qui influent sur la moelle épinière et le cerveau, produisent des contractions involontaires, et les muscles se relâchent. Le corps libère de la dopamine, des endorphines, des œstrogènes, de l'ocytocine, de la norépinéphrine et de la testostérone. Le teint radieux, la respiration courte et les pupilles dilatées sont des indicateurs de l'excitation sexuelle.

Anita a gardé de cette escapade le souvenir d'une sortie parfaite.

« Nous avons beaucoup parlé ; nous nous entendions à merveille. De retour aux écuries, nous avons enlevé les selles des chevaux et avons brossé les animaux. Tout a commencé à ce moment-là : l'odeur des bêtes, le son de la voix de Julien... Je l'entendais parler doucement à son cheval tout en lui brossant l'encolure. Je me sentais bien. Tout était paisible et naturel. Je ne sais pas si vous voyez ce que je veux dire. » "Je vois très bien", ai-je répondu.

« En retournant à nos autos, j'entendais encore les chevaux au loin et je sentais l'odeur du lac. Julien s'est tassé sur le côté pour laisser passer un camion, et sa main a frôlé la mienne. J'ai ressenti ce contact avec une force inouïe. Une vague de chaleur est montée dans mon bras, jusqu'à mon cœur. C'est alors que j'ai pris une initiative tout à fait inhabituelle venant de moi, mais qui m'a paru naturelle sur le coup. J'ai posé la main sur le bras de Julien et lui ai dit : "Je peux te poser une question ?" Il a levé les sourcils, puis a acquiescé.

« Ses yeux me transperçaient littéralement. Je suis sûre qu'il avait deviné ce que j'allais dire. "C'est absolument parfait, tu ne trouves pas ?" ai-je murmuré. Après quelques instants, il a soupiré et m'a souri. Il a simplement dit : "Oh la la !" Je lui ai demandé : "Dans quoi est-ce qu'on s'embarque ?" Comme il avait l'air perplexe, j'ai ajouté "… toi et moi ?" Tout se faisait facilement ; c'était comme une révélation. Julien a dit : "Tu crois qu'on pourrait se marier cette année ?" J'ai ri, tout simplement. »

C'était il y a neuf ans. Aujourd'hui, Julien et Anita sont mariés et ils dirigent une florissante société d'étude de marché. Main dans la main, ils se rendent à leur travail, voyagent, font des rencontres et profitent de la vie.

Comment entretenir la flamme

L'amour n'est pas une destination, mais un processus. Comment entretenir la flamme et préserver ce sentiment unique ? Grâce au romantisme. Vous pouvez montrer à votre partenaire que, pour vous, rien ne compte autant que lui. Vous pouvez lui montrer que la source ne s'est pas tarie. Le romantisme, c'est l'art d'exprimer les sentiments amoureux. C'est le plus simple des langages : il est fait de gestes tendres destinés à l'être aimé. C'est aussi le meilleur des langages : il crée des souvenirs merveilleux, des fondations sur lesquelles repose votre histoire d'amour.

La clé du romantisme est de faire appel aux sens. Vous vous souvenez de la distinction entre les visuels, les auditifs et les kinesthésiques (page 187) ? Adressez-vous au sens dominant de la personne que vous aimez.

Martin a demandé à Charlotte si elle aimerait l'accompagner au port après le travail, un soir. Il devait apporter quelque chose à un ami qui avait accosté au lac dans l'après-midi. Il est allé prendre Charlotte en auto. Il a sorti un sac de sport du coffre, et ils ont marché jusqu'au quai réservé aux amarrages temporaires. L'ami de Martin n'était pas encore là. Le jeune homme a donc proposé à Charlotte de s'asseoir. Tandis qu'ils prenaient un bain de soleil et laissaient leurs pieds remuer dans l'eau, Martin a pris la parole : « C'est exactement à cet endroit que nous nous sommes rencontrés l'année dernière. »

« Oui, je sais », a répondu Charlotte en passant son bras autour de lui. Au bout de quelques secondes, Martin a ouvert le sac de toile. À l'intérieur se trouvaient un bouquet de roses jaunes, une bouteille de champagne et deux coupes. « En fait, aucun ami ne doit venir, a-t-il avoué en souriant. Bon anniversaire ! Ça fait un an aujourd'hui ! »

* * *

Antoine, qui tient une petite galerie d'art, a rencontré Suzanne il y a environ un an, à l'occasion d'une représentation du Ballet national mexicain. Depuis lors, tout ce qui est mexicain a une connotation romantique pour eux.

Par une belle soirée ensoleillée, alors que Suzanne emmène sa classe visiter le musée d'art de la ville, elle voit Antoine qui attend sur le trottoir, vêtu d'un t-shirt où sont inscrits les mots « Bon anniversaire, Suzanne ». Il est accompagné d'un orchestre de mariachis qu'il a engagé pour l'occasion. Suzanne est une auditive : elle est particulièrement touchée par l'aspect sonore de ce qui l'entoure. Cet événement s'est produit il y a 15 ans... Quinze années de bonheur !

* * *

Chapeau bas à Gérard pour la demande extrêmement originale qu'il a faite à Diane. Après un souper romantique dans un restaurant au bord d'un lac, il l'a emmenée dans une barque pour admirer le coucher du soleil. Celui-ci disparaissait sous la ligne de l'horizon lorsqu'il a tendu à Diane une bague et lui a demandé de l'épouser. Elle a dit oui. Il y a eu des larmes et des embrassades.

Diane n'avait pas remarqué la lampe de poche que Gérard tenait à la main. Alors qu'ils étaient blottis l'un contre l'autre, il l'a discrètement allumée et a projeté le faisceau lumineux vers le rivage. C'était le signal qu'attendaient trois de ses amis pour lancer un magnifique feu d'artifice. Le ciel et la surface du lac se sont illuminés. C'était de toute beauté. Diane est une visuelle ; elle est particulièrement touchée par l'apparence des choses.

* * *

Le romantisme est fréquemment aux antipodes du bon sens, mais cela vaut parfois la peine de mettre de côté son esprit pratique pour montrer à l'être aimé l'attachement qu'on lui porte. Les gestes romantiques les plus beaux requièrent de la réflexion et des efforts.

Le jeu en vaut la chandelle, car c'est généralement ainsi qu'on entretient la relation amoureuse.

Jeanne a puisé dans sa tirelire pour emmener son petit ami, fou de course automobile, au rallye de Monte Carlo. Quant à Clara, elle a envoyé sept sous-vêtements par la poste à son amoureux le jour de la Saint-Valentin, alors qu'il était en tournée.

Considérez l'amour comme un feu qu'il vous faut entretenir chaque jour avec un enthousiasme renouvelé. Chaque partenaire a un tas de bûches à sa disposition. Elles n'ont pas forcément la même taille, mais vous devez tous deux contribuer à nourrir le feu au fil du temps. Les flammes jaillissent, apportant de la chaleur et de la joie, vous offrant leur rayonnement. Si vous oubliez que c'est à vous d'entretenir le feu, il s'éteindra, et vous vous retrouverez seul à grelotter. Ne laissez pas passer un jour sans l'alimenter. Offrez des fleurs ou d'autres surprises à l'autre, louez son film préféré, faites-lui la lecture, écrivez-lui des petits mots ou préparez-lui une tasse de thé pour qu'il ait quelque chose de chaud à boire quand il rentrera à la maison. Les possibilités sont infinies. Entretenez votre amour pour qu'il brûle de mille feux.

Récapitulons

Même si l'amour survient différemment pour chacun, le processus reste le même. Trouvez votre opposé complémentaire, semez les graines, arrosez-les et regardez-les germer. Ou craquez une allumette, créez une flamme et entretenez-la. À vous de voir quelle métaphore vous convient le mieux.

Pour arriver à ce stade, vous avez besoin de toutes les techniques que vous avez apprises dans ce livre. Il est donc utile de les passer en revue.

Tout commence et tout finit avec les attitudes. Les gens réagissent à celles-ci avant même de vous rencontrer. Et rappelez-vous ceci : non seulement vos attitudes guident votre comportement, mais elles affectent votre partenaire. Vous pouvez les employer pour signaler que vous êtes nerveux, timide et distant, ou pour dire que vous êtes sympathique, confiant et disponible.

Choisissez les vêtements qui vous mettent le plus en valeur, qui montrent que vous êtes heureux, sûr de vous, plein de ressources et prêt à relever n'importe quel défi. Vos vêtements envoient un message. Mieux vous vous habillez, plus on fera attention à vous et mieux vous vous sentirez dans votre peau. Bien entendu, le *sex-appeal* dépend avant tout de l'attitude et du langage corporel, mais votre pantalon, votre jupe, votre chemise, vos souliers, vos accessoires ou votre coupe de cheveux ont également leur importance.

Allez vers les autres et amusez-vous. Votre opposé complémentaire est là, quelque part. Le chercher, c'est un peu comme acheter un billet de loterie. Allez à la rencontre d'autant de gens que possible. Demandez à vos amis et à vos collègues de vous présenter du monde. Améliorez vos talents sociaux et cultivez vos amitiés. Engagez-vous dans des activités, faites des projets et allez jusqu'au bout. Montrez-vous amical.

Utilisez votre corps pour signaler que vous êtes ouvert et digne de confiance. Soyez engageant. Vous pouvez utiliser toutes les parties de votre corps pour transmettre des signaux, mais les yeux sont de loin les organes les plus importants et les plus subtils. Employez-les pour faire connaître votre intérêt et créer une aura de mystère. Regardez l'autre dans les yeux quelques secondes, puis baissez le regard vers ses lèvres et remontez-le vers ses yeux.

Pratiquez le flirt social. Maintenez un contact visuel un peu plus long que la normale, détournez le regard puis replongez-le dans les yeux de la personne qui vous intéresse. Que vous soyez un homme ou une femme, plus vous vous déplacerez avec grâce, plus les autres manifesteront leur intérêt. Si vous êtes une femme, vous pouvez utiliser votre corps pour faire une promesse et la retirer aussitôt. De cette façon, vous dites : «Je suis libre... enfin, peut-être.» Si vous êtes un homme, canalisez votre énergie masculine : apprenez à vous pavaner. Inutile d'en faire trop ; il suffit de faire savoir aux autres que vous êtes là et que vous êtes sûr de vous.

> Rien n'inspire autant la confiance et l'accessibilité qu'un contact visuel, un sourire et un langage corporel ouvert.

Créez une alchimie et des liens avec votre partenaire grâce à votre conversation et à vos talents de synchronisation. Tenez compte du sens dominant de l'autre et trouvez-vous des points communs. Rien n'est aussi utile que la synchronisation du langage corporel et des caractéristiques vocales pour inspirer des sentiments positifs.

Faites de vos sorties des moments romantiques, mémorables et uniques. Trouvez des endroits où vous pourrez parler, où votre partenaire se sentira en sécurité ; choisissez des activités qu'il appréciera et qui sortent de l'ordinaire.

Le moment venu, évoluez vers le flirt intime. Laissez s'exprimer vos vibrations sexuelles dans vos propos et votre langage corporel, en particulier avec vos yeux. Passez à des rapports plus intimes grâce au mode humoristique, au bavardage anodin et aux confidences personnelles. Échangez des aveux durant votre tête-à-tête pour créer une intimité émotionnelle. Synchronisez-vous à l'autre, tâchez de passer un bon moment avec lui et évoluez vers le merveilleux sentiment de la connexion mutuelle. Guettez des occasions de dire « moi aussi » et de frôler fortuitement votre partenaire.

Soyez romantique. Le romantisme assure la longévité de la relation amoureuse. La prochaine fois que vous croiserez des couples dont les membres semblent éperdument amoureux (ils se comportent comme de jeunes mariés après des années de vie commune), observez-les. Gageons qu'ils font tout ce qui est en leur pouvoir pour entretenir la flamme des débuts.

Le romantisme ne procure pas seulement un sentiment de bien-être au moment présent. Il permet de créer des souvenirs qui forgent des liens, qui vous transportent et vous motivent, des souvenirs qui vous aident à rester jeune de cœur, qui rendent votre attachement spécial et unique, des souvenirs qui vous donnent envie de vous accrocher à votre histoire d'amour et de vous battre pour la préserver dans les moments difficiles.

Conclusion

Maintenant, à vous de jouer!

Il y a longtemps, très longtemps, vous ne saviez pas nager. De toute façon, pour vous, nager n'avait aucun sens. Vous pensiez alors : « Si je tombe dans la piscine, je me noierai. » Cependant, comme vous aviez vu d'autres personnes nager, vous saviez que vous pourriez y arriver. Dans une certaine mesure, votre imagination vous a aidé au lieu de vous desservir, et vous avez finalement appris à nager. Aujourd'hui, vous le faites instinctivement, comme un poisson.

Il y a longtemps, très longtemps, vous ne saviez pas faire du vélo. Vous pensiez alors : « Si je pose mes deux pieds en même temps sur les pédales, je tomberai. » Puis vous vous êtes dit que c'était possible, car vous aviez vu que d'autres y arrivaient. Encore une fois, votre imagination vous a incité à essayer et, aujourd'hui, vous pédalez sans même y penser. Pour vous, c'est devenu un jeu d'enfant.

Pour apprendre à nager et à pédaler, vous avez dû vous entraîner. Au début, vous n'arriviez pas à flotter et vous étiez incapable de trouver votre équilibre sur votre bicyclette. Puis, un jour, comme par magie, vous vous êtes aperçu que personne ne vous soutenait dans l'eau et que personne ne tenait votre vélo. Vous nagiez et pédaliez seul, vous déplaçant librement, avec assurance, sous l'impulsion de votre volonté.

La recherche de votre opposé complémentaire suit le même processus. Il y a longtemps, très longtemps, vous n'arriviez pas à comprendre pourquoi certaines personnes semblaient vivre de merveilleuses relations humaines sans avoir l'air de faire le moindre effort, alors que vous-même en étiez incapable. C'était il y a très longtemps. Désormais, vous avez confiance dans les méthodes que vous avez découvertes au fil de ces pages, car elles sont logiques. Vous avez vu d'autres personnes trouver l'âme sœur et vous savez qu'un jour ou l'autre vous aussi vivrez ce moment magique.

Cependant, comme dans le cas de la natation et du vélo, vous ne pouvez apprendre l'art de la séduction en restant le nez plongé dans un livre. Bien sûr, il est important de maîtriser la théorie mais, pour aller vraiment au fond des choses, vous devrez affronter des situations réelles.

J'ai analysé ce qui se passe quand des gens tombent profondément amoureux et le restent ; ce que j'ai appris, je l'ai consigné ici. J'ai parlé à des individus qui ont connu des échecs à répétition et qui ont appris de leurs erreurs. Je vous ai offert la théorie et les techniques mais, si vous voulez que l'alchimie opère, vous devrez vous entraîner. Il ne suffit pas d'espérer de toute votre âme que vous trouverez le prince charmant. Que vous ayez un pouvoir de persuasion extraordinaire ou un optimisme à toute épreuve, vous devrez vous lever, aller vers les autres, vivre des expériences. À ce stade, la foi vous apportera la motivation : la foi en vous-même, et celle en la personne qui viendra vous trouver au moment où vous vous y attendrez le moins et qui vous fera perdre la tête à tout jamais.

Tout commence et tout finit avec votre dialogue intérieur, votre façon d'interpréter ce qui se passe autour de vous. Si vous voyez le monde en couleur, vous serez gagnant ; si vous le voyez en noir et blanc, vous serez perdant. Rappelez-vous : vous traduisez vos expériences par des mots, qui deviennent des pensées, qui deviennent des idées, qui deviennent des actes, qui deviennent des habitudes. Ces dernières forgent votre personnalité, laquelle conditionne votre destin. Si celui-ci est de trouver l'amour, vous devez accepter et accentuer le positif. Un jour, vous vous rendrez compte que vous avez trouvé une personne avec laquelle tout est si facile que l'amour s'épanouit de lui-même.

Vous êtes prêt ? Allez, je ne vous retiens plus. Vous avez tous les outils nécessaires pour allumer la flamme de l'amour : je vous ai procuré le petit bois, les bûches et l'allumette. Cependant, vous seul pouvez l'allumer. À partir de maintenant, vous devez vous débrouiller tout seul. Ne vous inquiétez pas : tout se passera pour le mieux. L'amour viendra quand vous ne vous y attendrez pas. Ça se passe toujours comme ça ; il arrive à l'improviste. Ça fait partie de son mystère vertigineux, de l'élan étourdissant de la passion. Craquez l'allumette… et préparez-vous à vivre la plus belle aventure de votre vie.

Faites-nous part
de vos commentaires

Assurer la qualité de nos publications
est notre préoccupation numéro un.

N'hésitez pas à nous faire part de
vos commentaires et suggestions
ou à nous signaler toute erreur
ou omission en nous écrivant à :

livre@transcontinental.ca

Merci !

Les Éditions
Transcontinental